ALAIN BEAULIEU

Les Autochtones du Québec

Des premières alliances aux revendications contemporaines

Nouvelle édition

MUSÉE DE LA CIVILISATION
Québec

FIDES

RENNES

La première édition de cet ouvrage a été réalisée dans le cadre de l'exposition *Le Québec des Premières Nations*, une coproduction du Musée de Bretagne et du Musée de la civilisation. L'exposition a d'abord été présentée au Musée de Bretagne (Rennes) du 17 septembre 1997 au 2 février 1998, puis au Musée de la civilisation à Québec sous le titre *Nous, les Premières Nations* depuis le 19 octobre 1998.

Le Musée de la civilisation remercie, pour leur participation financière à l'exposition *Nous, les Premières Nations*, Hydro-Québec, le ministère de la Culture et des Communications du Québec, le ministère du Patrimoine canadien dans le cadre du Programme d'aide aux musées et le Secrétariat aux affaires autochtones.

JOHANNE BLANCHET,
chargée de projet de l'exposition, Musée de la civilisation

LAURENCE PROD'HOMME,
conservatrice, Musée de Bretagne

COLLABORATION
Diane Bélanger

COORDINATION
Marie-Charlotte De Koninck

RECHERCHE ICONOGRAPHIQUE
Alain Beaulieu, Sylvie Bergeron, Diane Bélanger, Claire Marcil

CONCEPTION GRAPHIQUE
Gianni Caccia

INFOGRAPHIE
Bruno Lamoureux

Données de catalogage avant publication (Canada)

Beaulieu, Alain, 1960-

Les Autochtones du Québec.

Éd. rev. et corr.

(Collection Images de sociétés)

Comprend des réf. bibliogr.

Publ. en collab. avec: Musée de la civilisation de Québec, Musée de Bretagne.

ISBN 2-7621-2221-X

1. Autochtones — Québec (Province) — Histoire. 2. Indiens d'Amérique — Québec (Province) — Histoire. 3. Inuits — Québec (Province) — Histoire. 4. Algonquins — Québec (Province) — Histoire. 5. Iroquoiens — Québec (Province) — Histoire. I. BÉLANGER, DIANE, 1956- . II. Musée de la civilisation (Québec). III. Musée de Bretagne. IV. Titre. V. Collection.

E78.Q3B42 2000 971.4'00497 C00-941567-X

ISBN 2-7621-2221-X

Dépôt légal : quatrième trimestre 2000
Bibliothèque nationale du Québec

Le Musée de la civilisation est subventionné par le ministère de la Culture et des Communications du Québec.

Les Éditions Fides remercient le ministère du Patrimoine canadien du soutien qui leur est accordé dans le cadre du Programme d'aide au développement de l'industrie de l'édition. Les Éditions Fides remercient également le Conseil des Arts du Canada et la Société de développement des entreprises culturelles du Québec (SODEC).

Avant-propos

SIGNER CONJOINTEMENT l'avant-propos d'un ouvrage qui traite de l'histoire des nations autochtones du Québec, Amérindiens et Inuits, est à la fois un honneur et un défi. Non seulement un continent sépare les auteurs de cet avant-propos, mais l'histoire aussi, en particulier celle qui a noué les cultures autochtone et française d'Amérique en un destin commun, reléguant les cousins des « vieux pays », comme disent les aînés, au rôle de spectateurs. C'est pour combler cette distance que nous voulons présenter à nos publics, nord-américain comme européen, une histoire qui parle de rencontres, d'alliances, de guerres et de rivalités, bien sûr, mais aussi d'amour et de métissage, de deuils, de peine, de courage et de volonté. Une histoire relatée dans les traités, les ententes, les lois ; inscrite sur les wampums, racontée dans les familles, les chansons, les poèmes ; récitée le long des routes — Québec, Montmagny, Kamouraska, Rivière-du-Loup, Cacouna, Métis, etc. —, rêvée dans la petite enfance car, au Québec, les enfants ne naissent pas dans les choux mais sont « apportés par les Sauvages »...

L'histoire est discrète à bien des égards, aussi faut-il exhorter le lecteur à y mettre du sien. Il faut lire entre les lignes, tenter de comprendre ces hommes et ces femmes qui petit à petit durent se rendre à l'évidence : l'étranger était venu pour rester. Cet étranger ignorant de tout, à qui on avait appris à se couvrir, à marcher dans la neige, à découvrir le goût des baies et du gibier, celui que parfois l'on avait aimé, logé, accompagné. Celui qui, en retour, avait fait de précieux dons en cuivre et en fer, fait miroiter la richesse dans les perles et les verreries, celui qui parfois même donnait ses enfants en adoption, enfin celui avec qui des alliances furent conclues et des batailles livrées. Mais cet étranger, devenu intime, transmit trop souvent sans le savoir ses démons et ses maladies. Avide de fourrures et bientôt d'espaces et de minerais, il délogea ses alliés d'hier, les laissant sans feu ni lieu, selon sa propre façon de dire... Là où il tente de rendre l'Indien comme lui, il ne réussit qu'à l'avilir. Ce n'est que lorsque les uns et les autres tendent ensemble les mains vers un avenir commun que se manifestent les forces d'un pays partagé. C'est sans doute ainsi qu'il faut entendre le commentaire du chef montagnais de Matimekosh sur la Côte-Nord : il faut désormais partager, puisque nous sommes « condamné(s) à vivre ensemble ». Comme le dit si bien une vieille chanson au sujet des mariages mixtes : « Puisqu'on nous a mariés, il faudra bien s'aimer ! »

Cet ouvrage présente les principaux jalons de l'histoire récente des peuples autochtones du Québec. Les lecteurs constateront combien les trajectoires des premiers habitants du territoire et des nouveaux arrivants sont liées. Décisive, la rencontre enclenche une vie commune où les itinéraires des uns et des autres s'interpénètrent, s'affrontent, s'isolent et se retrouvent. On ne peut parler des uns sans dire ou médire des autres.

Très tôt après le choc de la rencontre, des alliances se créent entre Français et Amérindiens, chaque peuple poursuivant ses projets politiques en même temps qu'il participe à ceux de l'autre. Dans la seconde moitié du XVIIe siècle, des Hurons, des Iroquois et des Abénaquis s'établissent dans la vallée du Saint-Laurent, à proximité des trois grands centres de colonisation, soit Québec, Trois-Rivières et Montréal. Dès lors commence pour eux un processus de canadianisation qui apporte de nouvelles méthodes agricoles, une forme particulière d'habitat, l'usage du bilinguisme, l'instruction, etc. Un processus semblable d'adaptation se produit chez les colons français : les Blancs apprennent à vivre à l'indienne ! En 1760, la Conquête britannique réunit Autochtones et Canadiens français dans la condition analogue de peuples marginalisés par l'histoire et, certains diront, mis « en réserves ». Cela ne sera jamais accepté... ni par les uns ni par les autres. Au cours du siècle suivant, la différenciation ou la standardisation des modes de vie se poursuivra compte tenu des distances ou des proximités géographiques, économiques, culturelles ou politiques entre les nations. Le XIXe siècle constitue un moment charnière pour l'avenir commun des habitants du territoire québécois. Au moment où la vallée du Saint-Laurent déverse des flots humains vers les États-Unis et les terres du Nord, rétrécissant le territoire amérindien comme peau de chagrin, la politique britannique préconise l'intégration des Autochtones à la société coloniale. Jamais plus on n'y dérogera. Dans son ouvrage, Alain Beaulieu marque les bornes juridiques des mesures visant cette intégration et en souligne les effets, parfois dévastateurs. Pour nous, filles et fils d'Européens et d'Autochtones, l'avenir reste à inventer.

ROLAND ARPIN,
directeur général
du Musée de la civilisation

JEAN-YVES VEILLARD,
conservateur du
Musée de Bretagne

Préface

En voyant entrer un Amérindien au faciès d'acteur, teint foncé et longs cheveux noirs, une employée d'un bar-tabac à Paris, plutôt habituée à voir ses compatriotes jouer aux Indiens, s'exclama avec un léger accent du Sud : « Mais, monsieur, vous êtes un authentique, alors ! » Durant une visite au Musée amérindien de Mashteuiatsh, une communauté innue (montagnaise) du Lac-Saint-Jean, un touriste belge s'adressa au jeune guide-animateur à la chevelure blonde et aux yeux bleus : « Je n'ai pas encore vu d'Indiens ici ; où pourrait-on en trouver ? » À Montréal, un passant interviewé par un reporter de télévision répondit : « Les Autochtones ? Ou on les voit protester et bloquer les ponts, ou encore ils s'adonnent à la paresse et se laissent aller ! On ne sait pas ce qu'ils veulent. »

Ces quelques commentaires dénotent une urgente nécessité de mieux connaître ceux qui ont été tour à tour appelés Sauvages, Indiens, Amérindiens, Autochtones. Il existe à leur égard un nombre incroyable de stéréotypes qui déforment la réalité et alimentent les préjugés, favorables comme défavorables. On pense toujours que les Autochtones forment des peuples relativement homogènes malgré quelques distinctions entre les différentes tribus, et le cinéma y a certainement été pour quelque chose.

Pourtant, éparpillés sur l'ensemble des Amériques, les Amérindiens sont extrêmement différents d'une communauté à l'autre. On oublie qu'ils résident sur ce continent depuis des millénaires et qu'ils ont développé des caractéristiques propres aux régions qu'ils habitent. Vouloir comparer les Cris de la baie James aux Mohawks de Kahnawake, c'est un peu comme si on voulait comparer un Italien à un Allemand. Vouloir décrire l'Amérindien est aussi hasardeux que vouloir décrire l'Européen.

Rétablir la réalité est un travail qui ne peut se faire dans un seul volume, mais il faut bien commencer quelque part ! Le cheminement historique est un moyen excellent pour donner une base solide à l'édifice des connaissances, et l'auteur a, dans cet ouvrage, fait un portrait tout à fait remarquable de ce qui a constitué l'environnement des Amérindiens au Québec. Dans un style accessible à tous, il a su regrouper et ordonner suffisamment d'informations et d'interprétations sur l'histoire ancienne comme sur l'histoire contemporaine pour nous familiariser avec les Autochtones du Québec.

De notre côté, je dois avouer que nous n'avons pas, en général, la même façon de voir l'histoire, ni le même intérêt pour elle. Pour un Montagnais, il apparaît utile de se rappeler les enseignements plutôt que les faits, et c'est ce qui fait l'héritage des ancêtres. Nous sommes toujours un peu amusés de voir qu'on inclut les Amérindiens dans l'histoire du Canada ou du Québec alors que, pour nous, ce sont le Canada et le Québec qui font partie de notre histoire. Même le nom de Montagnais, issu des premières rencontres avec les Européens, n'a pas d'équivalent dans notre langue. Nous procédons par appellations reliées à la géographie plutôt que par classements de type anthropologique. Ainsi, je fais partie des Piekuakamiulnuatshs (humains du lac Piekuakami, ou du lac Saint-Jean), plus communément appelés les Montagnais du Lac-Saint-Jean.

Néanmoins, j'ai beaucoup apprécié le travail qu'a fait Monsieur Beaulieu dans cette publication, et je considère comme un honneur d'en faire une modeste préface. Le lecteur peut se fier à ses affirmations, car il a eu le souci de ne rien exagérer et d'examiner avec un œil très objectif ce qu'il a réuni comme enseignements. J'ai particulièrement apprécié lorsqu'il dit que les Autochtones avaient intégré l'utilisation des objets en métal dans leur culture au lieu de prétendre que les Amérindiens perdent leur culture en utilisant les objets en métal. Voilà une vision de l'évolution culturelle qui m'apparaît plus conforme à la réalité, car notre culture n'est pas morte : elle s'adapte, elle change, elle évolue, bref elle est vivante. De plus, il a su regrouper les principaux éléments historiques pour faire un tour d'horizon assez complet de sorte que celui ou celle qui lira ce livre sera en mesure de mieux nous connaître.

Je souhaite que cet ouvrage contribue à rapprocher tous les peuples dans le meilleur intérêt des générations qui vont nous suivre. Au plaisir de vous recevoir chez nous !

Niaut !

ALAIN NEPTON,
président de la Société
d'histoire et d'archéologie
de Mashteuiatsh

Introduction

Modernité, diversité et histoire

Au début du XIXe siècle, plusieurs observateurs faisaient de sombres pronostics sur le sort des Autochtones du Québec, qui semblaient condamnés à s'éteindre, sinon physiquement, du moins culturellement. Après trois siècles de contacts, les maladies de l'« Ancien Monde » continuaient à décimer leurs rangs. La colonisation, qui progressait rapidement, rendait leur situation de plus en plus précaire. Et la nouvelle politique des Britanniques, qui visait clairement leur assimilation à la société coloniale, ne laissait guère de place pour l'espoir.

Contre toute attente, les Autochtones ont résisté, physiquement et culturellement. Les politiques gouvernementales ne sont pas parvenues à les assimiler, pas plus que les virus n'ont réussi à les exterminer. À l'aube d'un nouveau millénaire, les Autochtones sont bien vivants et plus déterminés que jamais à survivre en préservant leur identité. Depuis la fin de la Seconde Guerre mondiale, leur nombre est en nette progression. Au milieu des années 1950, les Amérindiens et les Inuits du Québec formaient une population de quelque 18 000 personnes. Ils étaient 37 000 à la fin des années 1970 et un peu plus de 72 000 en 1997[I]. Ils représentaient alors environ 1 % de la population du Québec.

La modernité

Le mode de vie et la culture des Autochtones ont toutefois connu de nombreuses transformations depuis le XVIe siècle, époque où les Français commencèrent à fréquenter les côtes de l'Amérique du Nord. Ces chambardements, qui se sont accélérés à partir du XIXe siècle, ont complètement bouleversé leurs économies de subsistance traditionnelles.

Le nomadisme, au cœur du mode de vie de plusieurs communautés autochtones, a définitivement disparu dans la seconde moitié du XXe siècle. La chasse et la pêche demeurent certes des activités valorisées et des symboles identitaires très forts, mais elles ne jouent plus qu'un rôle modeste dans l'économie des communautés autochtones du Québec.

Tout en restant profondément attachés à leur culture, les Amérindiens et les Inuits du Québec sont entrés de plain-pied dans le « monde moderne ». L'automobile, la télévision et l'ordinateur font maintenant partie intégrante de leur culture matérielle. Les raquettes, les toboggans, les traîneaux à chiens ont cédé la place aux motoneiges ; les canots et les kayaks, aux chaloupes à moteur ; les iglous et les tentes, aux maisons de bois...

Là où les conditions économiques sont les plus favorables, les Autochtones occupent le même genre d'emplois salariés que les Québécois. Ils achètent les mêmes articles de consommation courante, pratiquent des loisirs similaires et, grâce aux réseaux de télécommunications modernes, subissent les mêmes influences de la télévision américaine.

L'entrée dans le « monde moderne » ne s'est cependant pas faite au même rythme pour toutes les nations autochtones du Québec. Au sud, elle est relativement ancienne et s'est réalisée de manière plus progressive ; au nord, elle est souvent très récente, la sédentarisation ne remontant parfois qu'à quelques décennies.

Un monde de différences

Au Québec, comme ailleurs en Amérique, la diversité est inscrite au cœur de la réalité autochtone. Diversité des langues, des cultures, des visions du monde ; diversité des environnements, des modes de subsistance, des structures sociales et politiques ; diversité des conditions socioéconomiques, des situations de contact avec la population blanche, des rapports à la tradition et des projets d'avenir...

La croissance démographique rapide des populations amérindiennes et inuites est l'un des phénomènes marquants de la seconde moitié du XXe siècle. Cette croissance s'explique par des naissances plus nombreuses, mais aussi par une diminution substantielle de la mortalité infantile et par une augmentation de l'espérance de vie.

Jeunes Innus du village de Pakuashipi, 1990. Photo : Claudette Fontaine, MÉQ.

Le Québec compte onze nations autochtones, soit dix amérindiennes et une inuite, qui ont leur culture, leur langue et leur histoire spécifiques. Ces onze nations se divisent en 54 communautés, réparties sur l'ensemble du territoire québécois. Certaines de ces communautés ne forment que de petits villages accueillant moins de 200 personnes ; d'autres en comptent au contraire quelques milliers, comme Kahnawake (plus de 8000 personnes), Mistissini (plus de 3000) ou Listuguj et Wendake (plus de 2500 chacun).

Ces communautés autochtones se retrouvent aussi dans des environnements très différents. Certaines, comme Kahnawake et Wendake, sont situées à proximité de grands centres urbains. D'autres sont établies dans des régions rurales et ne sont parfois accessibles que par des chemins forestiers (Manawan, Waswanipi, Matimekosh, etc.). Plusieurs villages nordiques, comme ceux des Inuits du Nunavik, sont encore plus isolés. Seul l'avion ou le bateau les relie au reste du Québec.

Sur le plan linguistique, les onze nations autochtones du Québec se divisent en trois familles : algonquienne, iroquoienne et eskaléoute. La famille algonquienne regroupe le plus grand nombre de nations, soit huit : les Abénaquis, les Algonquins, les Atikamekws, les Cris, les Malécites, les Micmacs, les Innus (Montagnais) et les Naskapis ; la famille iroquoienne en compte deux, les Hurons-Wendats et les Mohawks ; la famille eskaléoute une seule, les Inuits.

La situation actuelle des langues amérindiennes et inuite est cependant très diversifiée. Dans les collectivités nordiques, les langues autochtones se portent plutôt bien. Elles sont encore parlées par la majorité de la population. Au sud, où les échanges avec les autres habitants du Québec sont plus réguliers, les langues autochtones subissent de fortes pressions. Les langues huronne et malécite n'ont pas survécu, tandis que l'abénaquis, qui n'est plus parlé que par quelques aînés, agonise. Les langues mohawk et micmaque résistent encore, mais leur survie à long terme est loin d'être assurée.

Là où les langues autochtones perdurent, le bilinguisme est devenu la réalité la plus courante. La scolarisation obligatoire a largement contribué à ce phénomène, tout comme la sédentarisation, qui a intensifié les échanges avec le monde extérieur.

Trois grandes aires culturelles

La diversité culturelle des nations autochtones du Québec est en partie attribuable aux milieux écologiques contrastés dans lesquels elles ont pris naissance et se sont formées. Trois grandes aires culturelles chevauchent ainsi le territoire québécois : l'Arctique

Dans les communautés autochtones les plus isolées, le mode de vie traditionnel s'est poursuivi plus longtemps. Il y a quelques années à peine, certaines familles quittaient leur village à l'automne pour rejoindre les territoires de chasse à l'intérieur des terres.

Innus (Montagnais) d'Unamen Shipi (La Romaine) effectuant un portage, 1980. Photo : Serge Jauvin.

Paysage du village atikamekw d'Obedjiwan, 1993.
Photo : Claudette Fontaine, MÉQ.

(« pays de la toundra »), le Subarctique (« pays de la forêt boréale ») et le Nord-Est (« pays des terres boisées »). Chacune de ces zones a favorisé l'émergence de cultures spécifiques.

La première aire culturelle, l'Arctique, recouvre la région la plus rigoureuse et la plus aride du Québec. En été, la toundra domine le paysage ; en hiver, la région se transforme en véritable désert de glace et de neige. De novembre à juin, les côtes sont enveloppées par les glaces, qui interdisent toute navigation. C'est le pays des Inuits, qui ont dû faire montre d'une grande ingéniosité pour adapter leur mode de vie à cet environnement austère.

La deuxième aire culturelle, le Subarctique, embrasse toute la forêt boréale. Le climat et la végétation n'y sont toutefois pas uniformes. Au sud, dominent les denses forêts de conifères ; au nord, dans la zone parfois qualifiée de taïga ou de toundra forestière, les arbres sont plus clairsemés et entrecoupés de vastes savanes de lichens et de mousses. À l'exception de quelques secteurs, au sud, le climat ne se prête guère à l'agriculture. C'est le pays des Innus, des Naskapis, des Cris, des Atikamekws, et d'une partie des Algonquins. Pour survivre, ces Amérindiens comptaient essentiellement sur la chasse et la pêche.

Le pays des Inuits, un des environnements les plus rudes de la planète.
Salluit. Photo : Gilles H. Picard.

Les basses terres de la vallée du Saint-Laurent et la péninsule gaspésienne appartiennent à la troisième aire culturelle, le Nord-Est. Cette région, où domine la forêt mixte, est la plus fertile du Québec. Le climat y est généralement propice à l'agriculture. C'est le pays des Malécites, des Micmacs et des Algonquins — nomades et chasseurs —, mais aussi celui des Hurons-Wendats, des Mohawks et des Abénaquis — sédentaires et agriculteurs.

Un passé qui éclaire le présent

Les millénaires qui ont précédé l'arrivée des Européens en Amérique du Nord furent déterminants dans l'émergence de sociétés et de cultures autochtones distinctes sur le territoire du Québec. Au regard de ces millénaires, l'histoire des quatre derniers siècles apparaît très brève. Elle est par contre essentielle pour saisir pleinement la condition actuelle des Autochtones.

En effet, la situation contemporaine des communautés autochtones, tant sur les plans culturel, économique, politique et religieux que territorial, résulte largement de la « rencontre » avec les Européens. L'histoire de cette rencontre, où s'entremêlent échanges, alliances, emprunts culturels, résistances et assujettissement, a largement contribué à façonner les sociétés amérindiennes et inuite d'aujourd'hui. La connaissance de cette histoire est essentielle pour comprendre les difficultés qu'elles vivent présentement et les luttes qu'elles mènent. Sa méconnaissance contribue au contraire à alimenter les stéréotypes, les préjugés et l'incompréhension.

Ce petit livre se propose de jeter un peu de lumière sur cette histoire. Il ne prétend évidemment pas en couvrir tous les aspects, car il s'agit d'une histoire riche et complexe. Les spécialistes n'y trouveront certainement pas leur compte, à moins qu'ils ne prennent un malin plaisir à relever tous les sujets qui n'y sont pas traités ou qui auraient dû faire l'objet de développements plus approfondis. Qu'ils se rassurent, ce livre ne leur est pas destiné. Il s'adresse plutôt à ceux et celles qui ont envie de découvrir quelques facettes d'une histoire qu'ils connaissent mal. S'il réussit à leur donner le goût d'en savoir plus, il aura largement atteint son objectif[2]. ◈

Les toboggans et les raquettes, tressées avec des lanières de peau d'orignal, de caribou ou de cerf, furent longtemps les seuls moyens de transport hivernal des Amérindiens du Québec. Il existe différents modèles de raquettes, selon les cultures. Celles-ci, de forme arrondie et au tressage très fin, sont caractéristiques de la culture innue (montagnaise).

Musée de la civilisation, 69.321. Photo : Pierre Soulard.

Changements culturels chez les Inuits

Témoignage de Lazarusie Epoo

Maintenant, j'ai perdu mon attelage de chiens ; c'est ma motoneige qui me tient lieu d'attelage. J'ai perdu les patins de boue[1] de mon qamutik [traîneau à chiens] ; le qamutik n'en a plus de nos jours. Mon avataq [flotteur en peau de phoque] a disparu, comme a disparu mon panak [couteau servant à construire les igloos], qu'une scie est venue remplacer. Où sont passés mes mitaines et kamiks de peau ? Je porte maintenant des bottes en caoutchouc et des mitaines en tissu. Je ne peux plus trouver la sacoche en peau de phoque dans laquelle je conservais la viande et le gras. À sa place, il y a le réfrigérateur et le congélateur. À mes lignes en peau de phoque se sont substitués des câbles en fibres synthétiques. Là où mon kayak était amarré se trouve maintenant un canot. Mon igloo est aussi chose du passé ; une coûteuse maison de bois l'a remplacé.

J'ai perdu tant de choses, auxquelles se sont substitués des biens venus du Sud. Je dois maintenant payer cher pour remplacer tant de mes possessions qui ne coûtaient rien autrefois. Quoi d'étonnant à ce que la vie nous paraisse parfois si confuse ? Nos vieilles coutumes sont mortes. Quand on y pense bien, on réalise à quel point notre décor ressemble à celui des Qallunaat [Blancs].

Il suffit maintenant de quelques secondes pour parler à une personne qui se trouve à des milles de distance. Dans le passé, il nous aurait fallu voyager pendant des semaines pour apporter la nouvelle à destination. Même si c'est coûteux, j'aime bien pouvoir parler à quelqu'un au bout du fil ; c'est pratique. [...]

Nous avons toujours l'apparence physique des Inuits. Il n'y a qu'à me regarder, moi qui ne parle même pas anglais. Mais notre mode de vie traditionnel est écrasé par les coutumes des Qallunaat. N'empêche, je pratique encore certaines de nos anciennes coutumes. ❖

SOURCE : Tumivut, n° 7, automne 1995, p. 21-22.

1. *Les semelles des patins de traîneau étaient faites de boue et recouvertes d'une couche de glace.*

1

Une histoire et des cultures millénaires

PENDANT LONGTEMPS, les historiens ont considéré, à tout le moins implicitement, que l'histoire de l'Amérique commençait avec l'arrivée des Européens. En posant le pied sur le sol américain, les explorateurs de l'« Ancien Monde » auraient en quelque sorte permis à ce continent et à ses habitants de franchir le cap de la préhistoire. L'aventure de l'Amérique ne commence pourtant pas en 1492, en 1534 ou en 1608 : elle est plusieurs fois millénaire. Selon les estimations les plus prudentes, les ancêtres lointains des Autochtones seraient arrivés sur ce continent il y environ 15 000 ans, en provenance d'Asie. Par vagues successives, ils auraient franchi le détroit de Béring qui, asséché pendant quelques millénaires, tenait lieu de véritable pont entre l'Asie et l'Amérique.

Suivant le retrait progressif de la calotte glaciaire qui recouvrait l'Amérique, les ancêtres des Autochtones se sont progressivement répandus sur l'ensemble du continent, donnant naissance à une multitude de sociétés, distinctes par la langue, le mode de vie, la culture. Au Québec, l'arrivée des premiers habitants fut relativement tardive, en raison du retrait plus lent des glaciers. Les premières traces de présence humaine y remontent à environ 8500 ans et se trouvent à l'extrême sud du territoire.

Le voile de l'histoire ancienne

Des premiers millénaires de la présence autochtone au Québec, on sait peu de chose. En fait, presque rien. Cette histoire est recouverte d'un immense voile, d'où ne filtrent que quelques éléments, faibles lueurs projetées par les vestiges archéologiques. Les objets qu'exhument les archéologues donnent un aperçu sommaire du mode de vie des ancêtres lointains des Autochtones, mais ils ne permettent pas de reconstituer l'histoire concrète des sociétés qui les ont façonnés. Tout au plus l'analyse de ces artefacts permet-elle de dégager certaines évolutions culturelles, qui servent de balises pour découper en larges tranches les premiers millénaires de l'histoire autochtone. Les archéologues distinguent ainsi, selon les régions étudiées, les périodes paléo-indienne, paléo-esquimaude, archaïque, dorsetienne, sylvicole...

PAGE PRÉCÉDENTE

Au moment où les Français fondent une colonie dans la vallée du Saint-Laurent, l'occupation de ce territoire est déjà plusieurs fois millénaire. Au Québec, les premiers signes de présence humaine remontent à environ 8500 ans.
Artiste inconnu. *Un couple d'Algonquins, fin du XVIIe siècle*. Bibliothèque centrale de Montréal, Salle Gagnon.

Avant l'introduction des chaudrons en cuivre, les Algonquiens faisaient habituellement cuire leurs aliments dans des contenants en écorce ou en bois. Pour faire bouillir l'eau, ils y plaçaient des pierres rougies au feu. Le tronc d'un arbre creusé, comme sur cette illustration, pouvait aussi parfois faire office de marmite.

Allain M. Mallet, Description de l'univers, Paris, Denys Thierry, 1683, t. v. Musée de la civilisation, bibliothèque du Séminaire de Québec, fonds ancien. Photo : Pierre Soulard.

La vie avant la venue des Européens

La vie des Amérindiens nomades était plus facile durant l'été. C'était une période d'abondance, qui atténuait le souvenir des difficultés de l'hiver.

William Henry Bartlett, *Scène indienne.*

Musée de la civilisation, dépôt du Séminaire de Québec, 1993.16183. Photo : Pierre Soulard.

Pour plusieurs Autochtones, la période qui avait précédé le contact avec les Européens était associée à un âge d'or, où la vie était facile et où le gibier abondait. En témoignent les propos d'un « vieux jongleur micmac », qui répondait à une question du père Maillard au sujet du mode de vie des Micmacs « avant l'arrivée des Européens dans ce pays-ci » :

Mon Père, avant votre arrivée dans ces contrées-ci qui sont cette terre où le Grand Dieu nous a fait naître, et où nous sommes crus comme les herbes et les arbres que tu vois, notre grande occupation était de chasser à toute sorte de bêtes, de nous nourrir de leur chair, et de nous couvrir de leurs peaux ; de chasser au gibier soit petit soit grand, de choisir entre tous ces gibiers les plus beaux, et les mieux garnis en plumage pour nous en faire des ornements de tête. Nous ne tuions de bêtes et de gibiers qu'autant qu'il nous en fallait pour manger en un jour, le lendemain nous recommencions. Mais ne pense pas que nos chasses fussent comme aujourd'hui pénibles et laborieuses ; il ne s'agissait alors que de sortir de nos cabanes quelquefois avec nos flèches et nos dards, quelquefois sans flèches et sans dards, et à une très petite distance de notre village nous trouvions nos besoins. S'il ne nous plaisait pas dans certains jours de manger de la viande, nous allions aux lacs et aux rivières qui se trouvaient le plus à proximité du lieu où étaient nos cabanes, ou bien à la côte la plus voisine, et là nous y attrapions du poisson de toute espèce dont nous nous nourrissions. ✦

SOURCE : Maillard, « Lettre de M. l'abbé Maillard sur les missions de l'Acadie et particulièrement sur les missions micmaques » (vers 1750), dans *Les Soirées canadiennes : revue de littérature nationale*, 1863, p. 300. La discussion avec le « jongleur » micmac remonterait à 1735 environ.

La chasse aux oiseaux aquatiques est « abondante [...] au printemps et à l'automne », souligne le jésuite Paul Lejeune, en 1634. Certaines îles sont alors « toutes pleines d'oies, d'outardes, de canards de diverses espèces et d'autre gibier ».

Chasse aux oiseaux de mer. Dans François Ducreux, Historiæ canadensis, Paris, Sébastien Cramoisy, 1664.

Bibliothèque nationale du Québec (Montréal).

Si l'histoire des Autochtones ne commence pas avec l'arrivée des Européens, du moins devient-elle plus facile à reconstituer à partir de ce moment, en raison des témoignages écrits laissés par les nouveaux venus. Ces témoignages sont évidemment partiels et, pour la plupart, fortement ethnocentristes. Ils n'en contiennent pas moins une mine de renseignements fort précieux. Combinés aux observations plus récentes des anthropologues et aux éléments de la tradition orale, ils permettent de dessiner à grands traits les caractéristiques des sociétés autochtones avant qu'elles ne soient radicalement transformées par le contact avec les Européens.

Vouloir rendre compte pleinement de la complexité de ces sociétés autochtones nécessiterait de très longs développements. L'ambition des pages qui suivent est plus modeste : dégager quelques-unes des grandes caractéristiques des modes de vie traditionnels des Autochtones du Québec, en distinguant les trois familles linguistiques présentes sur le territoire québécois.

La famille algonquienne

Au début du XVIIe siècle, les nations de la famille algonquienne occupent la plus grande partie du territoire québécois. Elles sont divisées en plusieurs « bandes » régionales, qui fréquentent des territoires relativement bien délimités. Elles conservent une large part d'autonomie, qui se reflète dans les appellations spécifiques que les Français donnent à chacune de ces bandes, souvent qualifiées de « nations ».

Panier en écorce confectionné par une Atikamekw de Manawan.

Musée de la civilisation, 74-444. Photo : Pierre Soulard.

Les Montagnais sont ainsi divisés en Betsiamites, Papinachois, Oumamioueks, Ouchastigouets, Kakouchaks, etc. ; les Algonquins en Kichesipirinis, Weskarinis, Onontchataronons... Ce n'est que progressivement, dans la seconde moitié du XVIIe siècle, que ces différentes désignations cèdent la place à des termes génériques (Montagnais, Algonquins, Micmacs, etc.). Les Français prennent alors conscience de l'étroite parenté linguistique et culturelle qui unit différentes bandes algonquiennes.

On ne possède pas d'informations précises sur le nombre d'Algonquiens qui peuplent le Québec au début du XVIIe siècle. Ils ne sont sans doute pas plus de quelques milliers, car leur mode de vie ne permet pas de larges concentrations de population. Au moment du contact avec les Européens, tous les Algonquiens du Québec sont en effet nomades[1]. Certains, comme les Algonquins ou les Micmacs, pratiquent à l'occasion un peu d'agriculture, mais l'essentiel de leur alimentation repose sur les produits de la chasse, de la pêche et de la cueillette.

C'est le cycle des saisons qui commande leurs déplacements sur le territoire. Pendant quelques mois, du printemps jusqu'à l'automne, les Algonquiens se rassemblent sur la côte ou sur les rives des principaux lacs et cours d'eau. La pêche et la chasse aux oiseaux aquatiques leur assurent alors une nourriture abondante, qui rend possible la formation de villages réunissant plusieurs dizaines de personnes. C'est le temps des rencontres, des échanges, des festivités, des mariages...

L'arrivée de l'automne marque la fin de cette période d'abondance. Pendant les longs mois d'hiver, les Algonquiens doivent abandonner la côte et rejoindre les territoires de chasse. Les ressources y sont plus dispersées, ce qui les oblige à se diviser en petites bandes de chasse. Leur survie

Grattoir naskapi sculpté dans un os. Instrument utilisé dans le travail des peaux.

Musée de la civilisation, 80-11570. Photo : Pierre Soulard.

Les avantages du wigwam

Témoignage d'un chef micmac recueilli vers 1675
par le récollet Chrestien Leclercq

[Les Micmacs] font autant & même plus d'estime [du wigwam] que de nos maisons les plus superbes & les plus commodes. C'est ce qu'ils témoignèrent un jour à quelques-uns de nos Messieurs de l'Île Percée, qui m'ayant prié de leur servir d'interprète dans une visite qu'ils souhaitaient rendre à ces Sauvages, & de leur faire concevoir, que ce serait une chose bien plus avantageuse pour eux de vivre & de se bâtir à nôtre manière, furent extrêmement surpris, lorsque le chef qui avait écouté avec beaucoup de patience, tout ce que je lui avais dit de la part de ces Messieurs, me répondit en ces termes :

Je m'étonne fort, que les François aient si peu d'esprit, qu'ils en font paraître dans ce que tu viens de dire de leur part, pour nous persuader de changer nos perches, nos écorces, & nos cabanes, en des maisons de pierre & de bois, qui sont hautes & élevées, à ce qu'ils disent, comme ces arbres ! hé quoi donc, continua-t-il, pour des hommes de cinq à six pieds de hauteur, faut-il des maisons, qui en aient soixante ou quatre-vingts ; car enfin tu le sais bien toi Patriarche, ne trouvons nous pas dans les nôtres toutes les commodités, & les avantages que vous avez chez vous, comme de coucher, de boire, de dormir, de manger & de nous divertir avec nos amis, quand nous voulons ? Ce n'est pas tout, dit-il, s'adressant à l'un de nos Capitaines ; mon frère, as-tu autant d'adresse & d'esprit que les Sauvages, qui portent avec eux leurs maisons & leurs cabanes, pour se loger par tout où bon leur semble, indépendamment de quelque Seigneur que ce soit ? tu n'es pas aussi brave, ni aussi vaillant que nous ; puisque quand tu voyages, tu ne peux porter sur tes épaules tes bâtiments ni tes édifices ; ainsi, il faut que tu fasses autant de logis, que tu changes de demeure, ou bien que tu loges dans une maison empruntée, & qui ne t'appartient pas ; pour nous, nous nous trouvons à couvert de tous ces inconvénients, & nous pouvons toujours dire plus véritablement que toi, que nous sommes par tout chez nous, parce que, nous nous faisons facilement des Cabanes par tout où nous allons, sans demander permission à personne. ◈

SOURCE : Chrestien Leclercq, *Nouvelle Relation de la Gaspesie*, Paris, Amable Auroy, 1691, p. 75-78.

repose alors sur la capture du gros gibier, comme l'orignal et le caribou. Le premier occupe une place toute particulière dans l'économie de subsistance des Amérindiens qui fréquentent la Haute-Côte-Nord, la région du Saguenay–Lac-Saint-Jean, les territoires compris entre Tadoussac et Montréal, et la péninsule gaspésienne. Au nord du 50e parallèle, c'est le caribou qui permet aux Innus et aux Cris de se nourrir, de se vêtir et même de se loger.

Faute d'orignaux ou de caribous, les Algonquiens doivent se tourner vers le petit gibier et miser sur les provisions accumulées à l'automne. Si la capture du gros gibier tarde trop, c'est la disette qui s'installe. À l'étonnement des Français, les Algonquiens traversent toutefois ces épreuves temporaires avec une relative sérénité. Comme avait pu le constater le récollet Chrestien Leclercq chez les Micmacs, le souvenir des pénuries occasionnelles n'avait pas tendance à s'incruster dans l'esprit des Amérindiens : « il semble que l'abondance qu'ils trouvent au printemps, l'été et l'automne, leur fasse perdre le souvenir des disgrâces passagères de l'hiver[2] ».

La famille iroquoienne

Les Hurons et les Iroquois sont les deux représentants les plus connus de la famille iroquoienne. Au moment du contact avec les Européens, cette famille regroupait

L'orignal occupait une place toute particulière dans l'alimentation hivernale des Algonquiens de l'Est du Canada : c'était « la plus abondante manne » à leur disposition « comme le poisson pendant l'été », constatait le récollet Gabriel Sagard.

L'orignal ou élan d'Amérique. Dans J. J. Audubon et J. Bachman, The Quadrupeds of North America, 1851.

Musée de la civilisation, bibliothèque du Séminaire de Québec, fonds ancien. Photo : Pierre Soulard

Le caribou jouait un rôle très important dans le mode de vie des Autochtones qui vivaient dans le nord du Québec. Sa chair constituait une abondante source de nourriture, tandis que sa peau donnait de chauds vêtements et servait à recouvrir les tentes.

Le caribou. J. J. Audubon et J. Bachman, *The Quadrupeds of North America*, 1851.

Musée de la civilisation, bibliothèque du Séminaire de Québec, fonds ancien. Photo : Pierre Soulard.

toutefois plusieurs autres nations aujourd'hui disparues, comme les Neutres (Atiowandaronks), les Pétuns (Khionontateronons), les Andastes (Susquehannocks) et les Ériés (Eriehronons).

Jusque dans la seconde moitié du XVIe siècle, la vallée du Saint-Laurent comptait aussi une importante population iroquoienne. Ces Amérindiens, que Jacques Cartier rencontre pour la première fois en 1534, disparaissent mystérieusement avant la fin du XVIe siècle. Les causes précises de cette disparition restent inconnues, mais des éléments de la tradition orale algonquine recueillis au XVIIe siècle l'attribuent à des conflits intertribaux.

Au début du XVIIe siècle, les nations de la famille iroquoienne sont concentrées dans la région des Grands Lacs. Il faut attendre la seconde moitié du XVIIe siècle avant que des Hurons et des Iroquois viennent s'établir dans la vallée du Saint-Laurent, à proximité des centres de colonisation français.

Les Iroquoiens se distinguent des Algonquiens par leur mode de vie sédentaire et par la pratique de l'agriculture. La culture du maïs et de quelques autres plantes comestibles (courges, haricots, tournesols) joue un rôle essentiel dans l'alimentation des Iroquoiens. Les hommes s'occupent de défricher les terres nécessaires à l'agriculture, mais la plupart des travaux agricoles sont effectués par les femmes.

Les pratiques agricoles des Iroquoiens donnent des rendements élevés, qui permettent même l'accumulation de larges surplus. Cette forte productivité ne dure toutefois que quelques années, car les Iroquoiens n'engraissent pas leurs champs. Pour pallier l'épuisement des sols, mais aussi l'éloignement du bois de chauffage, ils déplacent leurs villages de manière périodique, à des intervalles qui varient de 10 à 30 ans.

La chasse et la pêche complètent l'alimentation des Iroquoiens. Ces deux activités, contrairement à l'agriculture, relèvent surtout

Au printemps, les Amérindiens récoltaient en grande quantité l'eau d'érable. Après le contact avec les Européens et l'introduction des chaudrons en cuivre, ils la feront bouillir pour la transformer en sirop ou en sucre.

Récolte de l'eau d'érable. Dans Joseph Lafitau, Mœurs des sauvages Ameriquains, 1724.

Musée de la civilisation, bibliothèque du Séminaire de Québec, fonds ancien. Photo : Pierre Soulard.

Les Iroquois étaient réunis dans une confédération (ou ligue) qui comptait cinq nations. Les Mohawks qui viendront s'établir dans la vallée du Saint-Laurent, après 1660, formaient l'une de ces nations. Les Français les appelaient Agniers.

« Sauvage iroquois ». Dans J. Grasset-Saint-Sauveur, Encyclopédie des voyages. Costumes civils, militaires et religieux, 1793.

Musée de la civilisation, bibliothèque du Séminaire de Québec, fonds ancien. Photo : Pierre Soulard.

de l'univers masculin. L'importance de la chasse dans l'alimentation des Iroquoiens varie selon les régions et les nations. Durant l'hiver, certains villages iroquois se vident ainsi d'une grande partie de leurs habitants, qui partent en groupes pour chasser à l'intérieur des terres. Les Hurons, de leur côté, chassent surtout au printemps et à l'automne et passent plutôt l'hiver dans leurs villages.

La pratique de l'agriculture permet de plus fortes concentrations de population. Les grands villages iroquoiens peuvent regrouper de 1500 à 2000 personnes. Ils sont, très souvent, entourés d'une palissade, qui assure une certaine protection contre les attaques ennemies. La taille des villages iroquoiens n'est toutefois pas uniforme. Si certains forment d'imposants bourgs, d'autres ne sont que de petits hameaux, comptant à peine quelques centaines d'habitants.

À l'intérieur de ces villages, la maison longue forme l'unité sociale de base. Elle abrite de cinq à dix familles réunies selon une

La confection de paniers était largement répandue dans les communautés autochtones du Québec. Ces paniers servaient à diverses fins (rangement d'effets personnels, cueillette de fruits ou de plantes sauvages, conservation des aliments, etc.). Après le contact avec les Européens, ces paniers deviendront progressivement des articles de commerce.

Cornelius Krieghoff, Jeune indienne avec des paniers, vers 1840.
Archives nationales du Canada, négatif n° C-4669.

descendance matrilinéaire. Au moment du mariage, les hommes s'installent habituellement dans la maison longue de leur épouse. La filiation, l'appartenance à un clan et la transmission des titres honorifiques se font par les femmes et non par les hommes.

La confédération est la forme d'organisation politique la plus commune chez les Iroquoiens. Celle des Hurons comptait quatre nations : Attignawantans, Attingueenongnahacs, Tahontaenrats et Arendarhonons ; celle des Iroquois en regroupait cinq : Agniers (ou Mohawks), Onneiouts (Oneidas), Onontagués (Onongagas), Goyogouins (Cayugas) et Tsonnontouans (Senecas). Au sein de ces

Les colliers ou ceintures de wampum étaient confectionnés traditionnellement avec des coquillages. Ces colliers étaient échangés lors de grandes rencontres diplomatiques et témoignaient des engagements pris par chaque partie. Ils étaient conservés précieusement et formaient en quelque sorte les archives de chaque nation. Leur contenu était interprété par les anciens, qui en transmettaient le sens aux générations suivantes.

Ceinture de wampum. Musée de la civilisation, dépôt du Séminaire de Québec, 1992.1291.
Photo : Pierre Soulard.

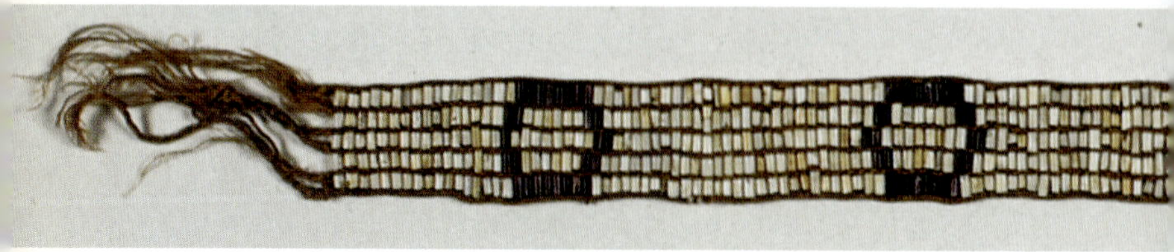

confédérations, chaque nation conservait sa pleine autonomie politique, aussi bien pour les matières purement locales que pour les relations avec les nations étrangères. Cette autonomie politique se manifeste au grand jour à plusieurs reprises au XVIIe siècle, lorsque des traités de paix avec les Français sont signés par certaines nations de la ligue iroquoise alors que d'autres poursuivent les hostilités.

La famille inuite

Les ancêtres directs des Inuits, les Thuléens, arrivent dans l'Arctique canadien vers l'an mil, en provenance de l'Alaska. Ils se répandent rapidement vers l'est, atteignant les côtes du Labrador au début du XVIe siècle. Sur le territoire actuel du Québec, les Inuits occupent alors une large bande de terre située entre la côte est de la baie d'Hudson et l'entrée de la baie d'Ungava[3]. Si la plupart des Inuits vivent le long des côtes, un petit nombre d'entre eux exploitent l'intérieur des terres, où ils demeurent la plus grande partie de l'année. Les Inuits tirent aussi partie des ressources des îles situées non loin de la côte est de la baie d'Hudson et dans le détroit du même nom.

Les mammifères marins occupent une place très importante dans l'alimentation et le mode de vie des Inuits. La chasse à la baleine a longtemps été au cœur de l'univers culturel des ancêtres des Inuits, les Thuléens. À partir du XIIIe siècle, le refroidissement progressif du climat entraîne toutefois un déclin de cette activité dans l'ensemble de l'Arctique canadien.

Aux XVIIe et XVIIIe siècles, les Inuits du Québec chassent encore occasionnellement la baleine, mais cette activité n'est pas au cœur de leur mode de vie. Leur subsistance repose davantage sur la chasse aux petits mammifères marins, comme le phoque. Pour le capturer en hiver, les chasseurs inuits doivent faire montre d'une grande patience. L'attente peut durer des heures, et les sens du chasseur doivent rester en éveil pour le moment propice.

La culture matérielle des Inuits a su tirer profit des faibles ressources de l'Arctique. Pour se loger en hiver, les Inuits utilisaient un matériau qui ne risquait pas de se tarir : la neige.

La construction d'un iglou à Ivujivik, 1951.

Musée de la civilisation, fonds Chauvel, n° 63. Photo : André Chauvel, o.m.i.

Les morses sont aussi des proies fort recherchées, particulièrement durant les périodes de migration, alors qu'ils se rassemblent en larges troupeaux. Les chasseurs inuits tentent habituellement de les surprendre lorsqu'ils se prélassent au soleil, sur des promontoires rocheux ou sur des glaces flottantes. Les chasseurs doivent s'approcher suffisamment pour les harponner avant qu'ils ne se jettent à la mer. La technique n'est pas sans danger, car les morses deviennent très agressifs lorsqu'ils se sentent menacés. Leurs défenses se transforment alors en armes meurtrières.

À bord de leurs kayaks, les Inuits attaquent aussi les morses lorsqu'ils sont dans l'eau. Mais cette manœuvre est encore plus dangereuse, car les morses peuvent se retourner contre les attaquants dans leurs fragiles embarcations. Le jeu en vaut apparemment la chandelle. Le morse adulte, qui peut mesurer jusqu'à 3,50 m et peser environ 1500 kg, est une importante source de viande. Sa peau sert aussi à la confection des vêtements et ses défenses à la fabrication de nombreux objets usuels.

Les bélugas étaient autrefois abondants dans le secteur allant de la baie d'Ungava jusqu'à la baie James. Ils représentaient une ressource importante pour les Inuits du Québec, qui les chassaient à bord de leurs kayaks.

Chasseur de béluga inuit, vers 1870.

Musée McCord d'histoire canadienne (Montréal), Archives Notman, MP 391(7).

Les Inuits du Québec chassent aussi sur une base régulière les bélugas, dont la taille convient mieux que les baleines aux chasseurs en kayaks. Le trajet migratoire des bélugas les conduit chaque année des eaux de l'Atlantique jusqu'à celles de la baie d'Hudson. Ils sont abondants dans le secteur qui va de la baie d'Ungava jusqu'à la baie James et fournissent d'importantes quantités de viande et de graisse aux Inuits.

Le caribou est le principal gibier terrestre chassé par les Inuits. Ils le poursuivent surtout lors de ses migrations annuelles. Cette chasse est habituellement une activité collective, à laquelle prennent aussi part les femmes et les enfants, qui se chargent de rabattre les bêtes vers les endroits où les chasseurs, bien dissimulés, attendent patiemment. Les endroits empruntés par les caribous pour traverser

Le kayak se composait d'une armature de bois recouverte de peau de phoque. Les Inuits en construisaient de différentes grandeurs : les plus longs et les plus larges convenaient mieux à la navigation le long des côtes ; les plus petits et les plus étroits, à la navigation dans les rivières et sur les lacs de l'intérieur des terres.

Deux kayaks, Kangiqsujuaq (Maricourt), vers 1950.

Musée de la civilisation, fonds Chauvel, n° 69. Photo : André Chauvel, o.m.i.

les cours d'eau sont aussi mis à profit par les chasseurs inuits. À bord de leurs kayaks et armés de harpons, ils se lancent à l'assaut des bêtes qui traversent d'une rive à l'autre.

La chasse au caribou ne dure que quelques semaines, mais elle est cruciale pour les Inuits, qui doivent, dans cette courte période, amasser suffisamment de peaux de caribou pour satisfaire aux besoins de leurs familles. Les peaux de caribou sont essentielles pour confectionner les chauds habits d'hiver ; elles servent aussi de matelas, de couvertures et de toiles pour recouvrir les tentes utilisées durant la saison estivale.

La pêche joue un rôle complémentaire dans la subsistance des Inuits. Pendant la période de frai, ils érigent des barrages de pierres qui laissent d'abord entrer les poissons, avant de leur barrer le passage. Cette pêche ne dure jamais très longtemps, mais elle est par contre très productive et permet de faire des provisions importantes, utiles surtout au début de l'hiver.

Deux jeunes filles inuites de Kangiqsujuaq (Maricourt) mâchent des peaux de phoque pour les assouplir (vers 1950). Cette tâche était réservée aux jeunes filles, car les dents des femmes d'âge mûr étaient usées pour avoir trop mâché.

Musée de la civilisation, fonds Chauvel, n° 66. Photo : André Chauvel, o.m.i.

La vie traditionnelle des Inuits

Au cours du bref été arctique, les Inuits emménageaient dans des tentes recouvertes de peaux de phoque ou de caribou.

Campement d'été inuit, à Petite-Rivière-à-la-Baleine, 1872.

Musée McCord d'histoire canadienne (Montréal), MP-000.391.12. Photo : James L. Cotter.

Témoignage de Tivi Paningayak

J'aimerais vous parler de la vie traditionnelle des Inuit qui était bien différente de celle d'aujourd'hui. Nous n'avions que l'igloo comme refuge contre le vent et le froid, et le gibier se faisait parfois rare. Nous manquions alors de nourriture et de vêtements.

En hiver, nous n'avions que les igloos, maisons fabriquées avec de la neige, et en automne des tentes qui n'étaient pas à l'épreuve du froid et de l'humidité puisque nous n'avions aucune forme de chauffage. Nous n'avions pas non plus de bottes en caoutchouc. Nos bottes en peau de phoque se détrempaient facilement et, le lendemain, il fallait qu'on les remette sans qu'elles aient eu le temps de sécher.

Je dois dire que la vie d'autrefois était très belle, même si notre survie dépendait de la température et que souvent nous avions faim. Les hommes vaquaient à leurs occupations : la chasse, la pêche, le piégeage et la construction d'igloos. Nous apprenions beaucoup et rapidement, tout simplement en regardant les autres. Nous apprenions bien plus vite que ne le font maintenant nos enfants à l'école. Autrefois, nos parents représentaient nos seuls guides et maîtres. Quand ils mouraient, nous étions en mesure de continuer la même vie en nous rappelant leurs paroles, leurs gestes et leurs habitudes de vie. ◈

SOURCE : « Tivi Paningayak, chasseur inuit », dans *Rencontre*, vol. 7, n° 3, mars 1986, p. 14-15.

Le cycle annuel des Inuits du Québec connaît des variations selon les régions et la disponibilité des ressources. De manière générale, l'année se divise en deux grandes périodes : durant l'hiver, les Inuits ont tendance à se tenir à proximité de la côte et à exploiter les ressources de ce milieu, tandis qu'à l'été une bonne partie d'entre eux rejoint l'intérieur des terres pour y chasser le caribou et pêcher dans les lacs et rivières. La durée du séjour à l'intérieur des terres peut varier de un à quatre mois.

La culture traditionnelle des Inuits du Québec sera transformée beaucoup moins rapidement que celles des autres Autochtones de l'Amérique du Nord-Est. Au début du XIXe siècle, les Inuits n'ont encore que des contacts sporadiques avec les Européens. Ils continuent à vivre sensiblement de la même manière que leurs ancêtres au moment où les premiers Français posent le pied en Amérique pour y fonder une « France nouvelle ».

2

Au temps des alliances 1600-1815

L'ARRIVÉE DES EUROPÉENS en Amérique du Nord marque un tournant dans l'histoire des Autochtones. C'est la fin d'une époque, le début d'une nouvelle, qui sera ponctuée par de nombreux bouleversements. Portés par une civilisation qui cherche à étendre sa domination à l'ensemble du monde, les Européens n'ont pas les comportements d'invités de passage sur une terre d'accueil. Non seulement s'installent-ils à demeure, mais encore affirment-ils leurs prétentions sur les terres où ils posent les pieds et plantent des croix.

Bien sûr, au début, ils n'affichent pas trop ouvertement leurs ambitions. La prudence la plus élémentaire dicte une certaine réserve. Mais elle ne tarde pas à disparaître lorsque le nombre des colons s'accroît et que celui des Autochtones décline. Les sociétés autochtones n'ont certes pas attendu la venue des Européens pour se transformer. Mais cet événement chambarde les règles du jeu. Les Autochtones font alors face à la logique d'États colonisateurs, qui s'approprient l'espace, symboliquement puis concrètement, et cherchent à y introduire un nouvel ordre, le leur.

Les Autochtones ne sont cependant pas que des victimes de l'histoire. Ils en sont aussi des acteurs importants. L'arrivée des puissances colonisatrices ne les prive pas de toute marge de manœuvre. Ils profitent notamment des rivalités entre les puissances coloniales pour garder en main les rênes de leur destinée. Ils continuent à faire des choix en fonction de leurs intérêts et manœuvrent habilement pour promouvoir le bien-être de leurs collectivités et de leurs nations.

Certes, ils deviennent rapidement minoritaires dans les secteurs où s'implantent de nouvelles colonies. Ils n'en demeurent pas moins, jusqu'au début du XIXe siècle,

Jeu de dés de tradition mohawk, fabriqué au XXe siècle. Les dés, faits de noyaux de pêche ou de prune ou encore de haricots séchés, étaient lancés dans un bol, creusé à même une pièce de bois. Ce genre de jeu est très ancien et fut décrit par les premiers observateurs français, au début du XVIIe siècle. Il était surtout pratiqué par les femmes.

Musée de la civilisation, 65.439. Photo : Pierre Soulard.

Les Autochtones jouent un rôle essentiel dans le développement du commerce des fourrures. Ils approvisionnent les postes de traite en pelleteries d'animaux qu'ils chassent eux-mêmes ou qu'ils se procurent auprès de nations qui n'ont encore aucun contact direct avec les Européens.

Cartouche d'une carte de William Faden, 1777. Archives nationales du Canada, négatif n° C-35062.

une force militaire avec laquelle les Français et les Britanniques doivent composer. Pendant les premiers siècles de la rencontre, l'alliance reste inscrite au cœur des relations entre Autochtones et Européens.

Des objets qui fascinent les Autochtones

Les premiers contacts entre les Autochtones du Québec et les Européens remontent au début du XVIe siècle. La France organise alors ses premiers voyages d'exploration en Amérique du Nord. En 1535, Jacques Cartier remonte ainsi le Saint-Laurent et établit des contacts avec les Iroquoiens installés le long des rives du fleuve, notamment à Stadaconé (Québec) et Hochelaga (Montréal). À la même époque, les pêcheurs français (basques) fréquentent déjà régulièrement les eaux nord-américaines pour pêcher la morue et chasser la baleine. Le long des côtes, ils rencontrent à l'occasion des Amérindiens, avec qui ils font un peu de troc.

Les échanges entre les Autochtones du Québec et les Français n'acquièrent cependant toute leur importance qu'au début du XVIIe siècle, lorsque la traite des fourrures prend véritablement son essor. C'est ce commerce qui donne naissance aux premiers comptoirs commerciaux dans la vallée du Saint-Laurent. Un premier poste est construit à Tadoussac en 1600, un second à Québec, en 1608.

Les Amérindiens étaient surpris de l'intérêt des Européens pour les peaux de castor : « J'entendais un jour mon hôte », raconte le jésuite Paul Lejeune, au sujet d'un Montagnais, « qui disait en se gaussant, [...] le castor fait toutes choses parfaitement bien, il nous fait des chaudières, des haches, des épées, des couteaux, du pain, bref il fait tout ».

Le castor. Dans J. J. Audubon et J. Bachman, The Quadrupeds of North America, 1851. Musée de la civilisation, bibliothèque du Séminaire de Québec, fonds ancien. Photo : Pierre Soulard.

La traite des fourrures se développe d'abord comme une excroissance dans les réseaux d'échange précolombiens et prospère grâce à une série d'intermédiaires autochtones. Au début du XVIIe siècle, les Innus de Tadoussac sont ainsi au cœur d'un réseau commercial qui pousse ses ramifications loin dans l'arrière-pays. Ils vont chercher les fourrures des Amérindiens du nord, à qui ils troquent des marchandises achetées des Français.

Plus à l'ouest, les Algonquins occupent, pendant quelques années, une position similaire à celle des Innus de Tadoussac, servant d'intermédiaires commerciaux entre certaines nations des Grands Lacs et les Français. Mais, après 1615, ce sont les Hurons de la baie Georgienne, dont le territoire se trouve au carrefour d'un vaste réseau d'échange amérindien, qui s'imposent comme les principaux

Au début du XVIIIe siècle, les Amérindiens « domiciliés » de la vallée du Saint-Laurent utilisaient largement les tissus européens pour confectionner leurs habits, qui s'inspiraient toutefois encore des modes vestimentaires traditionnelles : « la plupart des Sauvages qui sont au voisinage des Européens, en conservant leur ancienne manière de s'habiller, n'ont fait que changer la matière de leurs habits », constate le jésuite Joseph Lafitau.

Un couple d'Abénaquis, fin du XVIIe siècle. Bibliothèque centrale de Montréal, Salle Gagnon.

Souvenirs d'une première rencontre

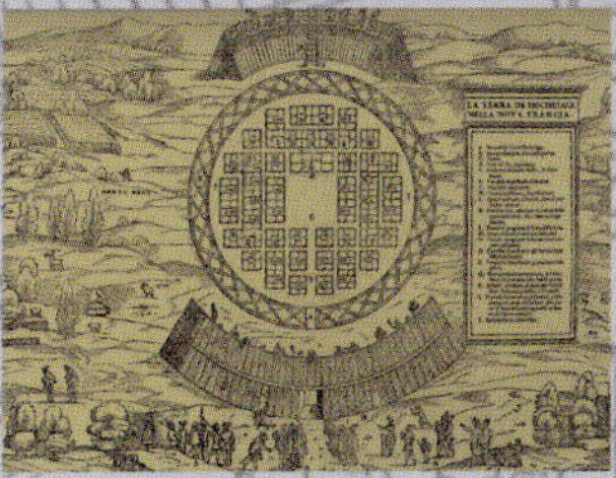

Lors de son second voyage d'exploration, en 1535-1536, Jacques Cartier remonte le Saint-Laurent jusqu'à Hochelaga (Montréal), où il est accueilli chaleureusement par les Iroquoiens de ce village. Cette carte illustre bien imparfaitement un village iroquoien, que Cartier décrit brièvement dans son récit de voyage.

Giovanni Battista Ramusio. « L'accueil de Jacques Cartier », 1556.
Archives nationales du Canada, NMC 1908.

Témoignage du Montagnais Pierre Pastedechouan recueilli en 1634 par le jésuite Paul Lejeune

[Le Montagnais] Pierre Pastedechouan nous a rapporté que sa grand-mère prenait plaisir à raconter l'étonnement qu'eurent les Sauvages voyant arriver le vaisseau des Français qui aborda le premier en ce pays-ci. Ils pensaient que ce fut une île mouvante ; ils ne savaient que dire des grandes voiles qui la faisaient marcher ; leur étonnement redoubla voyant quantité d'hommes sur le tillac. Les femmes commencèrent à leur dresser des cabanes, ce qu'elles font ordinairement quand de nouveaux hôtes arrivent, et quatre canots de Sauvages se hasardèrent d'aborder ces vaisseaux. Ils invit[èr]ent les Français à venir dans les cabanes qu'on leur préparait, mais ils ne s'entendaient pas les uns les autres. On leur donna une barrique de pain ou biscuit ; l'ayant emportée et revisitée, n'y trouvant point de goût [aux biscuits], ils les jetèrent en l'eau. En un mot, ils étaient dans le même étonnement que fut jadis le roi de Calecut [Calicut] à l'abord du premier navire européen qu'il vit près de ses terres, car ayant envoyé quelques personnes pour reconnaître quels gens amenaient cette grande maison de bois, les messagers rapportèrent à leur maître que c'étaient des hommes prodigieux et épouvantables, qu'ils s'habillaient de fer, mangeaient des os et buvaient du sang ; ils les avaient vus couverts de leurs cuirasses, manger du biscuit et boire du vin. Nos Sauvages disaient que les Français buvaient du sang et mangeaient du bois, appelant ainsi le vin et le biscuit. ◈

SOURCE : Reuben G. Thwaites, dir., *The Jesuit Relations and Allied Documents. Travels and Explorations of the Jesuit Missionaries in New France*, 1610-1791, Cleveland, Burrougs, 1896-1901, vol. 5, p. 188-120.

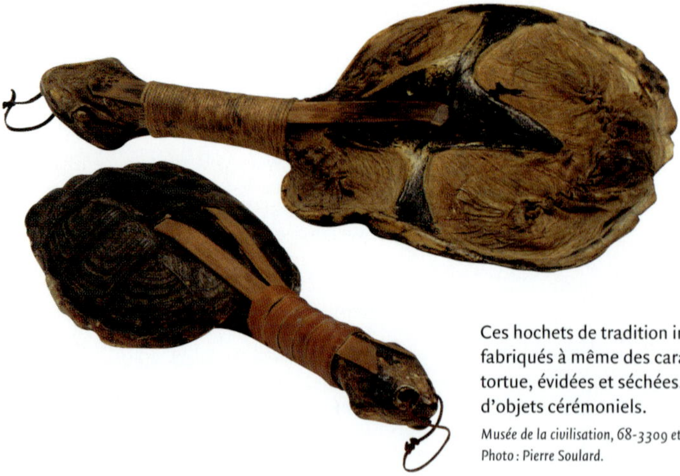

Ces hochets de tradition iroquoise sont fabriqués à même des carapaces de tortue, évidées et séchées. Il s'agit d'objets cérémoniels.

Musée de la civilisation, 68-3309 et 68.3310.
Photo : Pierre Soulard.

partenaires commerciaux des Français. Ils conservent cette position jusqu'à leur dispersion par les Iroquois en 1650.

Le développement de la traite des fourrures a pour effet de stimuler les échanges entre nations autochtones. Fascinés par les objets apportés par les Européens, les Amérindiens cherchent activement à les acquérir. L'éventail des articles de traite est large, mais les objets en métal (chaudrons de cuivre, haches, couteaux, etc.) sont ceux qui, au départ, suscitent le plus de convoitise. Chez les Amérindiens qui commercent régulièrement avec les Français, ces objets remplacent rapidement nombre d'outils en os, en pierre et en bois, moins efficaces, moins résistants et parfois très longs à confectionner.

À coup sûr, les objets apportés par les Européens facilitent plusieurs aspects de la vie quotidienne des Autochtones : « les haches, les chaudières, les couteaux et tout ce qu'on leur donne leur est bien plus commode et plus portatif que ce qu'ils avaient le temps passé[1] », note Nicolas Denys. Par contre, les articles européens ne révolutionnent pas nécessairement tous les aspects du mode de vie des Amérindiens. S'ils se substituent aux objets traditionnels, les articles apportés par les Français remplissent très souvent les mêmes fonctions.

Des maladies dévastatrices

Indirectement, la participation au commerce des fourrures a d'importantes conséquences démographiques pour les Autochtones. Sans le savoir, les marchands européens trimbalent avec eux les virus de l'« Ancien Monde ». Pour les Autochtones, qui n'ont pas les anticorps nécessaires pour les combattre, le choc est terrible. Partout la mort accompagne les Français sur leur passage.

Dès le début du XVIIe siècle, les Micmacs établissent un lien direct entre leur participation au commerce des fourrures et la propagation rapide des nouvelles maladies qui les déciment. Avant de fréquenter les Français, assurent-ils au père Biard, en 1616, « toutes leurs terres étaient fort populeuses » ; depuis, « ils se meurent fort et se dépeuplent[2] ». L'impact des nouvelles maladies, qui prennent vite un caractère épidémique, est relativement bien documenté pour les Hurons. Entre 1630 et 1640, plus des deux tiers d'entre eux meurent à la suite d'épidémies de variole. Alors qu'ils étaient environ 30 000 au début du XVIIe siècle, les Hurons ne sont plus que 9 000 dans les années 1640[3].

Les chiffres précis font défaut pour les Amérindiens de la vallée du Saint-Laurent. Les propos du jésuite Vimont donnent par contre une idée approximative des ravages. Sur les sites où l'on comptait autrefois une centaine d'habitations en écorce, note-t-il en 1644, « à peine en voit-on maintenant cinq ou six ». Les flottes « de trois ou quatre cents canots » qui circulaient sur le fleuve ont cédé la place à des

À partir de la fin des années 1630, le nombre des baptisés augmente de manière sensible parmi les Amérindiens. Ce phénomène s'explique en partie par les nouvelles maladies apportées par les Européens. Les jésuites établissent en effet un lien direct entre la souffrance qui afflige les Autochtones et l'intérêt soudain, feint ou réel, pour le christianisme.

Amérindiens en prières. Détail de la carte de Bressani, Novæ Franciæ accurata delineatio, 1657.

Archives nationales du Canada, négatif n° C-71502.

flottilles de vingt à trente embarcations. Les chefs qui commandaient alors quelques centaines de guerriers n'en comptent « plus à présent que trente ou quarante[4] ».

Les nouvelles maladies ne foudroient pas que les Autochtones qui côtoient les Européens. En raison des nombreux réseaux d'échange autochtones, les virus circulent presque au même rythme que les marchandises de traite. Les commerçants amérindiens, qui servent d'intermédiaires auprès des nations éloignées, diffusent à leur tour, sans le savoir, les virus qu'ils ont contractés chez les Français.

Des guerres qui s'intensifient

Au moment même où les épidémies font des ravages importants parmi les Autochtones, les guerres entre nations amérindiennes connaissent elles aussi un accroissement significatif. Au début du XVIIe siècle, lorsque les Français s'installent dans la vallée du Saint-Laurent, les Algonquins et les Montagnais sont déjà en guerre contre les Cinq-Nations iroquoises.

Les raisons de ces hostilités restent difficiles à cerner avec précision, mais elles ont sans doute un lien avec le développement du commerce des fourrures. Le contrôle de l'axe stratégique formé par le Saint-Laurent, importante voie d'entrée pour les marchandises européennes, semble bien être un des éléments moteurs du conflit qui oppose alors les Montagnais et les Algonquins aux Iroquois.

En 1609, Samuel de Champlain participe pour la première fois à une expédition militaire contre les Iroquois aux côtés des Montagnais et des Algonquins. La bataille a lieu au sud du lac Champlain. Les arquebuses des Français ont l'effet escompté et provoquent la déroute des guerriers iroquois.

« Deffaite des Yroquois au Lac Champlain » (1609).
Dans Samuel de Champlain, Les voyages du sieur de Champlain, 1613.

Musée de la civilisation, bibliothèque du Séminaire de Québec, fonds ancien. Photo : Pierre Soulard.

Au début des années 1640, l'acquisition d'armes à feu donne un net avantage aux Iroquois, qui lancent une grande offensive militaire. Les Français hésitent longtemps à vendre de telles armes à leurs alliés autochtones, craignant qu'elles ne se retournent un jour contre eux.

« Guerrier iroquois ». Dans J. Grasset-Saint-Sauveur, Encyclopédie des voyages. Costumes civils, militaires et religieux, 1793.

Musée de la civilisation, bibliothèque du Séminaire de Québec, fonds ancien. Photo : Pierre Soulard.

Dès le début du XVIIe siècle, les Français s'allient à leurs principaux fournisseurs de fourrures — Montagnais, Algonquins et Hurons — contre les Iroquois. Champlain scelle cette alliance de manière formelle lorsqu'il accompagne ses alliés à trois reprises — en 1609, 1610 et 1615 — dans des expéditions contre les Iroquois. Les Français s'engagent ainsi dans un conflit qui va perdurer pendant plusieurs décennies.

Jusqu'au début des années 1640, le rapport de force entre les Iroquois et les alliés autochtones des Français reste relativement équilibré. Mais, par la suite, il bascule rapidement en faveur des Iroquois. Armés d'arquebuses que leur vendent les Hollandais de la vallée de l'Hudson, les guerriers iroquois se lancent alors dans une grande offensive militaire. Les rivalités engendrées par le commerce des fourrures expliquent en partie cette intensification soudaine de l'activité guerrière iroquoise. Mais elle est peut-être aussi une conséquence indirecte des nouvelles maladies introduites sur le continent nord-américain par les Européens.

Chez les Iroquois, la guerre vise en effet un objectif primordial : faire des captifs pour remplacer les morts. Dans la tradition culturelle iroquoienne, les captifs de guerre étaient souvent adoptés dans certaines familles, où ils remplaçaient des parents ou des amis décédés. En provoquant une hausse soudaine de la mortalité, les nouvelles maladies apportées par les Européens ont probablement exacerbé cette logique culturelle. Pour combler leurs pertes démographiques, les Iroquois auraient alors intensifié leurs activités guerrières. Plusieurs spécialistes penchent maintenant en faveur de cette hypothèse[5]. Ce qui tend à la corroborer, c'est que les phases les plus intenses des guerres iroquoises suivent en général de peu les vagues d'épidémies qui frappent les populations amérindiennes.

Dans la première moitié du XVIIe siècle, les Montagnais et les Algonquins qui fréquentent les vallées du Saint-Laurent et de l'Outaouais sont durement touchés par les attaques iroquoises. Les guerriers des Cinq-Nations pénètrent aussi à l'occasion à l'intérieur des terres, dans le Haut-Saint-Maurice, notamment, et au lac Saint-Jean. Les guerres iroquoises sont cependant plus dévastatrices dans la région des Grands Lacs. À la fin des années 1640, les attaques iroquoises dans cette région, auxquelles participent simultanément plusieurs centaines de guerriers, se terminent par la dispersion des Neutres, des Pétuns, des Ériés et des Hurons. Quelques milliers de ces Amérindiens sont intégrés aux villages des Cinq-Nations où, avec les années, ils se fondent dans le « melting-pot » iroquois.

Jusqu'au début des années 1660, les Français adoptent surtout une attitude défensive dans le conflit avec les Iroquois, laissant à leurs alliés autochtones le soin de faire des raids contre les villages des Cinq-Nations. L'arrivée au pouvoir de Louis XIV marque toutefois un tournant dans le conflit franco-iroquois. En 1665, répondant aux exhortations des habitants de la colonie, le nouveau monarque envoie vers Québec le régiment de Carignan-Salières, composé de 1200 hommes, pour mâter les Iroquois.

Ce régiment mène deux expéditions en territoire agnier (mohawk). La première échoue lamentablement, mais la seconde atteint sa cible. Les Français, qui ne rencontrent aucune résistance armée, brûlent les villages et les récoltes, avant de rentrer à Québec. Ces expéditions incitent les Iroquois à signer la paix en 1667. Celle-ci tiendra quelques années, mais les hostilités reprendront de plus belle au milieu des années 1680 pour ne prendre fin qu'avec la Grande Paix de Montréal, en 1701[6].

Casse-tête de tradition mohawk sculpté dans un morceau de noyer. Le manche prend la forme d'un bras, qui se termine par une main tenant une boule. Les casse-tête étaient des armes redoutables dans les combats rapprochés.

Musée de la civilisation, 65-409. Photo : Pierre Soulard.

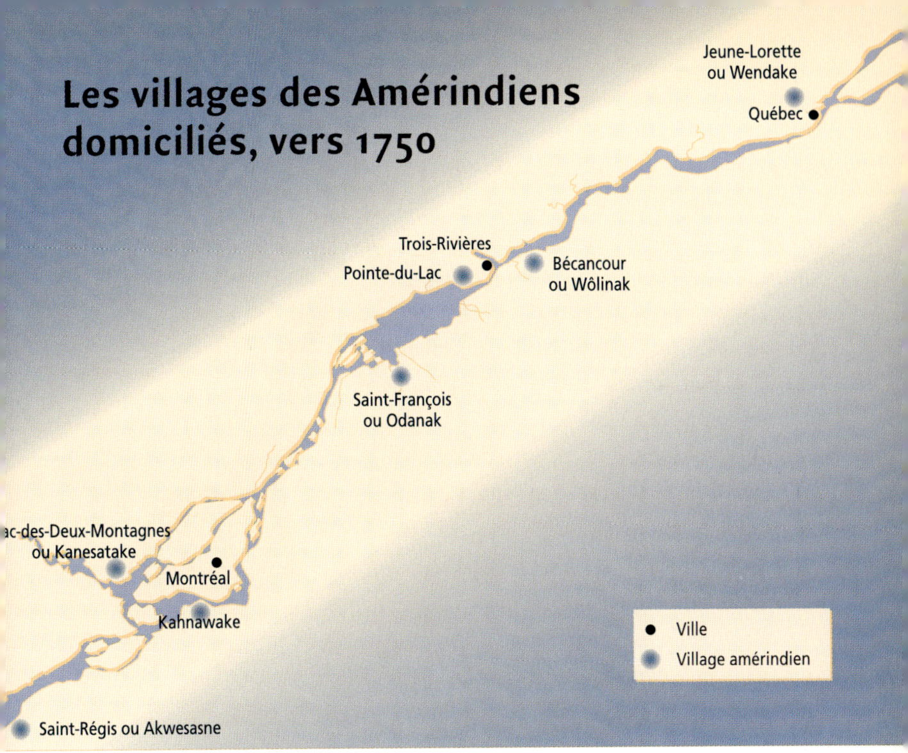

L'apparition des Amérindiens domiciliés

Dans la vallée du Saint-Laurent, l'occupation du territoire connaît des changements significatifs après 1650. Les Montagnais et les Algonquins délaissent progressivement les zones que les autorités françaises découpent en seigneuries pour y installer des colons. Les Montagnais abandonnent ainsi la région de Québec et de Trois-Rivières, tandis que les Algonquins se replient vers l'ouest, concentrant leurs activités de chasse dans la vallée de l'Outaouais[7].

L'installation d'une population française permanente dans la vallée du Saint-Laurent contribue sans doute à cette retraite des Montagnais et des Algonquins. Au début des années 1660, la colonie laurentienne compte quelque 2 500 habitants d'origine française; ils sont environ 18 000 à la fin du XVIIe siècle. C'est peu en regard des colonies américaines, mais c'est suffisant pour repousser le gros gibier. Déjà, en 1664, Pierre Boucher constatait qu'il se faisait très rare aux environs de Québec, s'étant « retiré à dix ou douze lieues de là[8] ».

Les colons français ne sont pas les seuls nouveaux venus dans la vallée du Saint-Laurent. Des Autochtones en provenance des Grands Lacs et de la Nouvelle-Angleterre s'y installent à leur tour. Les Hurons ouvrent la marche en 1650, poussés hors de leur territoire par les attaques iroquoises. Environ 500 d'entre eux trouvent alors refuge dans la région de Québec. Ils déplacent leur village à quelques reprises, avant de se fixer définitivement à la Jeune-Lorette (Wendake), en 1697.

À partir de la fin des années 1660, quelques centaines d'Iroquois, principalement de la nation agnier (mohawk), arrivent à leur tour dans la vallée du Saint-Laurent. La plupart d'entre eux sont convertis au catholicisme ou sont en voie de l'être. Cette migration est encouragée par les jésuites, qui visent à faciliter le processus de conversion. Elle est aussi bien vue des autorités françaises, qui espèrent ainsi limiter les risques d'attaques iroquoises contre la colonie laurentienne. Deux communautés mohawk naîtront d'abord de cette migration, Kahnawake et Kanesatake, puis une troisième, Akwesasne, au début des années 1750.

Louche de tradition mohawk, dont la fabrication remonte sans doute au XVIIIe siècle. Elle est sculptée dans une pièce de noyer et ornée d'un hibou ou d'un oiseau de proie.

Musée de la civilisation, 68-2820. Photo : Pierre Soulard.

Les Abénaquis commencent à s'installer dans la vallée du Saint-Laurent à la fin des années 1670, lorsque de violents conflits avec les colons de la Nouvelle-Angleterre les incitent à quitter leurs territoires pour chercher refuge auprès des Français. Ils s'installent d'abord dans la région de Québec, le long de la rivière Chaudière, avant de migrer vers l'ouest à partir de la fin du XVIIe siècle. Ils se divisent alors en deux communautés : Saint-François (Odanak) et Bécancour (Wôlinak).

Les Amérindiens qui composent ces nouvelles communautés autochtones sont considérés par les Français comme des « domiciliés »,

Chassés de leur territoire par les guerres iroquoises, les Hurons viennent s'établir à proximité de Québec au début des années 1650. Leur nombre décline progressivement dans le siècle qui suit. Ils ne sont plus qu'une centaine au moment de la conquête de la Nouvelle-France, en 1760.

Anonyme, Un couple de Hurons, fin du XVIIe siècle. Bibliothèque centrale de Montréal, Salle Gagnon.

Mocassins fabriqués avec des feuilles de maïs tressées et nouées, selon une technique qui remonte à la période précédant le contact avec les Européens. Dans les sociétés iroquoiennes, les feuilles de maïs entraient dans la confection de nombreux autres objets (contenants, poupées, masques, etc.).

Musée de la civilisation, 65-431.
Photo : Pierre Soulard.

Panier abénaquis en écorce de bouleau, cousu avec des racines d'épinette et orné de différents motifs (double courbe, soleil, fleur, etc.). À l'intérieur du couvercle, on peut lire « A. M. U. Aubert, Trois-Rivières 1793 », ce qui porte à croire que ce panier fut confectionné pour la vente.

Musée de la civilisation, 69-296.
Photo : Pierre Soulard.

en raison de la permanence de leurs établissements[9]. Malgré leur provenance diverse, ces Amérindiens nouent rapidement des liens politiques entre eux, formant même une alliance, les Sept-Nations, aussi appellée les Sept-Villages ou les Sept-Feux. Les premières allusions à cette alliance, parfois qualifiée de confédération, sont postérieures à la conquête de la Nouvelle-France (1760), mais selon toute vraisemblance elle existait déjà dans la seconde moitié du XVIIe siècle.

Les Mohawks de Kahnawake rapportent qu'elle aurait pris forme peu de temps après leur arrivée dans la vallée du Saint-Laurent. Le grand feu de cette alliance, c'est-à-dire le lieu des Conseils, se trouvait à Kahnawake. Les leaders de cette communauté portaient d'ailleurs le titre honorifique de chefs des Sept-Nations. Ils ne pouvaient toutefois pas imposer leur volonté aux autres domiciliés, car les Sept-Nations formaient un regroupement politique très souple, où chaque village conservait une très large, sinon une complète, autonomie[10].

Le village de Kahnawake servait de « capitale » pour l'alliance des Sept-Nations qui réunissait l'ensemble des Amérindiens domiciliés de la vallée du Saint-Laurent. L'adhésion commune au catholicisme était l'un des éléments qui renforçait les liens entre les membres de cette alliance.

James Duncan, Caughnawaga, au Canada-Est, 1848. Aquarelle.

Archives nationales du Canada, négatif n° C-40265.

Les progrès rapides de la canadianisation

L'adhésion de l'ensemble des Amérindiens domiciliés au catholicisme contribue sans doute à solidifier les liens entre leurs différentes communautés. Au XVIIIe siècle, la religion catholique est en effet bien implantée dans ces villages, où vivent en permanence des missionnaires. Au moment de la conquête de la Nouvelle-France, en 1760, les Amérindiens domiciliés demandent d'ailleurs aux Britanniques, comme les Canadiens, des garanties concernant le libre exercice de la religion catholique.

La conversion au catholicisme n'est cependant pas le seul changement notable chez les domiciliés. Au XVIIIe siècle, les emprunts culturels débordent largement le cadre religieux. Ils sont suffisamment nombreux pour que les Britanniques notent, au lendemain de la Conquête, des similitudes entre les manières des domiciliés et celles des Canadiens. Observable dans la plupart des villages autochtones de la vallée du Saint-Laurent, le processus de canadianisation était toutefois plus avancé dans certaines communautés.

En cette matière, les Hurons de Lorette (Wendake) font nettement figure de chefs de file. En 1749, le visiteur suédois Pehr Kalm constate, par exemple, qu'ils ont commencé à se conformer, en plusieurs domaines, aux usages français. Le bilinguisme y a fait des progrès significatifs, la plupart des Hurons parlant français au début des années 1750. Leurs habits de tous les jours, du moins ceux des hommes, ressemblent à celui de leurs voisins. Ils élèvent des volailles et des bestiaux et ont même des chevaux qu'ils conduisent « eux-mêmes, attelés à des carrioles pour se rendre en ville[11] ».

À la fin du Régime français, l'élevage d'animaux domestiques est aussi relativement répandu chez les autres Amérindiens domiciliés. Les Iroquois de Kahnawake et de Kanesatake possèdent, par exemple, « des volailles et des bestiaux en propriété ». Ceux de Kahnawake, qui ont « beaucoup de chevaux », ont même aménagé dans leur village une « place d'armes », qui leur sert de manège pour entraîner leurs montures[12].

Au début du XVIIIe siècle, l'intendant Raudot écrit au sujet des Hurons de la région de Québec : ils sont « toujours avec nous et parmi nous dans cette ville où ils viennent vendre toutes les denrées qu'ils ont ». Cette fréquentation régulière favorise le processus de « canadianisation ».

John Crawford Young (1788- v. 1859), Indien et Canadien-français, Place du marché à Québec, vers 1825-1827. Aquarelle.

Musée des Beaux-Arts du Canada, Ottawa, n° 29214.2.

La transformation des modes d'habitation traditionnels figure parmi les manifestations les plus évidentes de l'influence des Canadiens sur l'univers culturel des Amérindiens domiciliés. Les Hurons de Lorette sont les premiers, au début du XVIIIe siècle, à abandonner les maisons longues en écorce, au profit des « maisons canadiennes ». Ce changement n'est pas anodin, car il impliquait au préalable la transformation de la structure sociale huronne. Les « maisons canadiennes », plus petites, ne convenaient pas en effet aux familles élargies traditionnelles, qui comptaient plusieurs dizaines de personnes.

Au début des années 1750, la transition vers la « maison canadienne » est amorcée chez les Amérindiens du Lac-des-Deux-Montagnes (Kanesatake) et chez les Abénaquis d'Odanak et de Wôlinak, mais elle n'est pas encore complétée[13]. À la même époque, le processus n'est pas enclenché chez les Mohawks de Kahnawake, mais le règne des maisons longues tire à sa fin. Les Mohawks, écrit Louis Franquet,

Les Hurons de Lorette (Wendake) furent les premiers, parmi les Amérindiens du Québec, à délaisser leurs habitations traditionnelles en écorce, au profit de maisons en bois ou en pierre. Les observateurs du XVIIIe siècle constatent que l'intérieur des nouvelles maisons huronnes s'apparentait beaucoup à celui de leurs voisins canadiens.

Indiens de Lorette. Dans John R. Coke Smythe, Sketches in the Canadas, Londres, 1840.

Musée de la civilisation, dépôt du Séminaire de Québec, 1993.21100.6. Photo : Pierre Soulard.

sont en effet « dans le goût de bâtir des maisons à la française, en charpente équarrie, et même en maçonnerie ». Pour ce faire, ils ont même « attiré des ouvriers français de toute espèce[14] » dans leur village.

Physiquement, les Amérindiens commencent aussi, dans la seconde moitié du XVIIIe siècle, à ressembler à leurs voisins canadiens, en raison du métissage, qui progresse rapidement. Là aussi, la tendance est plus accusée chez les Hurons de Lorette (Wendake), où les mariages interethniques sont déjà répandus dans les dernières années du Régime français. L'adoption d'enfants « illégitimes », abandonnés par les Canadiens, et celle des captifs de guerre de la Nouvelle-Angleterre contribuent d'une autre manière au métissage, dont les signes, quoique moins prononcés, sont visibles aussi chez les autres domiciliés.

On pourrait être tenté de croire que les changements observés parmi les Amérindiens domiciliés résultaient d'une politique délibérée de la France. Après tout, au début du XVIIe siècle, les Français étaient animés par un grand rêve, celui d'intégrer rapidement les Autochtones à l'ensemble de la société coloniale. La francisation était alors au cœur de leur politique autochtone et les missionnaires (jésuites, récollets, sulpiciens, etc.) furent un temps les ardents promoteurs de ce programme[15].

Dans la première moitié du XVIIe siècle, les tentatives pour le mettre en œuvre se heurtèrent toutefois à de nombreuses résistances ou à l'indifférence des Amérindiens. À la fin des années 1630, les jésuites avaient par exemple ouvert un séminaire pour les jeunes Amérindiens, qu'ils espéraient former aux manières françaises. Cette école-pensionnat avait dû fermer ses portes quelques années à peine après son ouverture, faute de candidats. Les efforts des jésuites pour sédentariser les Amérindiens nomades n'avaient guère connu plus de succès. Tentée à Sillery à partir de 1637, la sédentarisation des Montagnais et des Algonquins s'était soldée, quelques années plus tard, par un échec complet[16].

La réalisation du programme de francisation supposait d'abord la sédentarisation des Amérindiens nomades. Les jésuites s'attelèrent à la tâche dans la première moitié du XVIIe siècle, mais leurs tentatives pour regrouper et fixer les Amérindiens nomades échouèrent.

Amérindiens nomades. Détail de la carte de Bressani, Novæ Franciæ accurata delineatio, 1657.

Archives nationales du Canada, négatif n° C-71503.

Les communautés religieuses à l'œuvre sur le terrain en étaient rapidement venues à la conclusion que le programme de francisation était irréaliste. Certains, comme les jésuites, considéraient même qu'il nuisait à la conversion et qu'il fallait isoler les Amérindiens de l'influence des Français plutôt que de les amalgamer. À partir de la seconde moitié du XVIIe siècle, les jésuites favorisaient ainsi une politique de ségrégation,

préconisant l'éloignement des Amérindiens de l'influence des Français, jugée pernicieuse. Pour christianiser les Autochtones, il fallait surtout se « donner garde de les franciser[17] », écrivait le jésuite Charlevoix au début du XVIIIe siècle.

Louche sculptée par des Mohawks dans une pièce de pin. Elle est ornée d'un cygne à tête couchée dans un panier. Cette pièce fut probablement confectionnée au XVIIIe siècle.

Musée de la civilisation, 68-3292.
Photo : Pierre Soulard

Après son arrivée au pouvoir, en 1661, Louis XIV tenta bien de ranimer l'ardeur des communautés religieuses en faveur du programme de francisation. Sans succès. Aussitôt relancées, les nouvelles tentatives pour encourager la francisation furent abandonnées. Dans les dernières décennies du XVIIe siècle, la francisation des Amérindiens demeurait un objectif officiel, mais qui ne suscitait plus qu'une indifférence généralisée, tant en France que dans la colonie. Dans ce contexte, les changements culturels observés chez les Amérindiens domiciliés semblent bien davantage résulter de la fréquentation régulière des Canadiens que d'une politique clairement établie de la part de la France.

Au début du XVIIe siècle, les jésuites placent beaucoup d'espoirs dans l'éducation des jeunes Amérindiens, qu'ils jugent plus malléables que les adultes. Pour les former aux manières françaises, les jésuites jugeaient toutefois qu'il fallait les séparer de leurs parents, dont l'influence contribuait à perpétuer le mode de vie traditionnel.

Amérindiennes avec leurs enfants. Dans François Ducreux, Historiæ canadensis, Paris, Sébastien Cramoisy, 1664.

Bibliothèque nationale du Québec (Montréal).

La première moitié du XVIIe siècle est sans conteste la phase la plus intense de l'activité missionnaire en Nouvelle-France. La conversion est au cœur du programme de francisation. En 1627, la Charte de la Compagnie des Cent-Associés prévoit même que les Amérindiens baptisés seront considérés comme des Français.

Frère Luc, *La France apportant la Foi aux Indiens de la Nouvelle-France*, 1675. Huile sur toile.

Musée des Ursulines de Québec, collection monastique 70.

Le maintien d'une identité distincte

Même si leur mode de vie s'apparente de plus en plus à celui de leurs voisins d'origine française, les Amérindiens domiciliés ne se considèrent pas pour autant comme des Canadiens et n'ont pas renoncé à leur identité. Leur différence culturelle s'affiche toujours de diverses manières. À la fin du Régime français, la chasse continue, par exemple, à faire partie intégrante du mode de vie des Amérindiens domiciliés, qui y consacrent plusieurs semaines, sinon plusieurs mois, par année.

Dans le cas des Hurons de Lorette, cette occupation a même pris davantage d'importance après leur installation à la Jeune-Lorette, à la fin du XVIIe siècle, car ce secteur est peu propice à la culture traditionnelle du maïs. Les Mohawks de la région de Montréal effectuent eux aussi de longs séjours sur leurs territoires de chasse, situés au sud du Saint-Laurent. Au début des années 1750, les Mohawks de Kanesatake quittent ainsi leur village pour de grandes expéditions de chasse, auxquelles participent des familles entières.

L'importance de la chasse est encore plus grande chez certains Amérindiens domiciliés qui ne pratiquent l'agriculture que sur une base très occasionnelle, comme les Algonquins et les Népissingues du Lac-des-Deux-Montagnes. À la fin du mois de septembre, écrit Louis Franquet, ils abandonnent « le village pour aller hiverner dans le bois avec femmes et enfants », s'éloignant pour ce faire « jusqu'à 250 et 300 lieues » (1000 à 1200 km). Ils ne reviennent qu'à la fin du printemps ou au début de l'été[18].

Confectionné par les Hurons, ce manteau de cuir est orné d'une broderie florale en poil d'orignal. Les matériaux et les techniques d'assemblage sont traditionnels, mais la coupe est d'inspiration européenne.

Musée de la civilisation, 68-3407. Photo : Pierre Soulard.

Dans la seconde moitié du XVIIIe siècle, l'organisation sociale et politique des Amérindiens domiciliés continue à s'inspirer directement des modes traditionnels. Les Amérindiens désignent les chefs de leur communauté comme ils le faisaient au début de leur installation dans la vallée du Saint-Laurent. Le principe de la division en clans reste aussi bien vivant parmi les Amérindiens domiciliés. Au début des années 1750, les Hurons sont ainsi regroupés « en trois bandes du nom de la Tortue, du Vautour et du Loup ». Chacun de ces clans a « son chef particulier », qui est « soumis à un autre

Sous le Régime français, les Amérindiens domiciliés de la vallée du Saint-Laurent se rendaient régulièrement dans les centres urbains comme Québec ou Montréal pour y vendre les produits de leur artisanat. Cette pratique prendra encore plus d'ampleur au XIXe siècle.

Cornelius Krieghoff, *Femme indienne avec des mocassins.*

Archives nationales du Canada, négatif n° C-10697.

à titre de grand chef». Le même phénomène se retrouve parmi les Mohawks de Kahnawake, qui sont divisés en trois clans : le Loup, l'Ours et la Tortue. Chaque clan se subdivise en deux « bandes » qui sont « commandées chacune par un chef[19] ».

En périphérie : des ajustements au mode de vie traditionnel

À la fin du Régime français, les éléments de continuité culturelle sont cependant plus nombreux parmi les Autochtones qui vivent loin des centres de colonisation, dans les régions visitées uniquement par les marchands de fourrures et par quelques missionnaires. Dans ces secteurs, qui forment la plus grande partie du territoire québécois, les activités de subsistance de la plupart des Amérindiens nomades suivent un modèle traditionnel, où se combinent des séjours prolongés à l'intérieur des terres durant la saison hivernale et des retours le long des côtes durant l'été.

Dans les régions éloignées, les changements les plus significatifs concernent certains aspects de la culture matérielle autochtone. Au XVIIIe siècle, les produits européens ont fait leur entrée dans la plupart des communautés amérindiennes, même chez celles qui vivent très loin des centres de colonisation. Les armes à feu, les haches, les couteaux, les chaudrons en cuivre, les tissus européens et même des produits alimentaires comme la farine sont devenus des articles essentiels. Pour se les procurer, les Amérindiens visitent chaque année les postes de traite de l'arrière-pays, très souvent établis là où les Autochtones installaient traditionnellement leurs campements d'été.

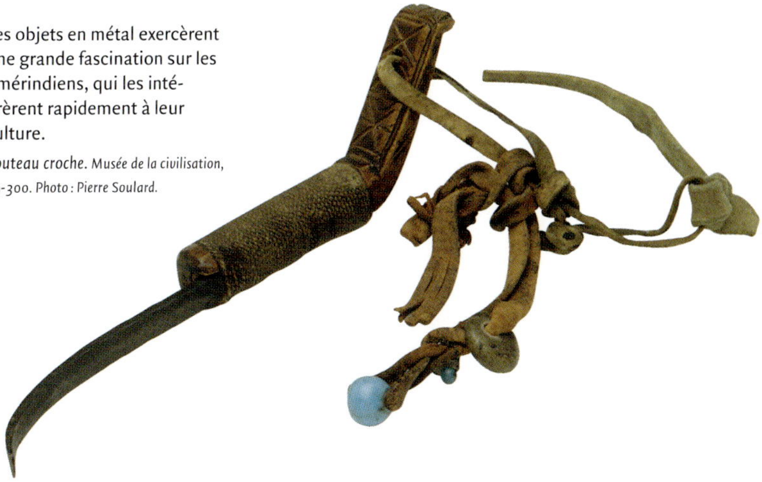

Les objets en métal exercèrent une grande fascination sur les Amérindiens, qui les intégrèrent rapidement à leur culture.

Couteau croche. Musée de la civilisation, 69-300. Photo : Pierre Soulard.

Au début du XIXe siècle, les Amérindiens nomades qui vivent en périphérie des centres de colonisation habitent toujours dans des tentes en écorce et ne séjournent aux postes de traite que quelques semaines par année.
William G. R. Hind, Tente de Montagnais à Mingan, 1861. Aquarelle.
Archives nationales du Canada, négatif n° C-33685.

À certains endroits, l'attrait pour les nouveaux produits incite quelques familles à séjourner de longues périodes autour des postes de traite. Cette situation est manifeste à Tadoussac. Les Montagnais de ce poste, écrit le jésuite Coquart en 1750, « y sont à cœur d'année » ; ils n'entrent dans les bois qu'à l'automne, pour « chercher de quoi s'habiller », et au printemps afin de trouver un peu de viande fraîche, « pour se dédommager des mauvaises vivres dont ils se nourrissent pendant l'hiver ». Pour payer la farine, les pois et le maïs achetés aux Français, les Montagnais de Tadoussac se livrent principalement à la chasse aux phoques, dont les huiles sont vendues sur les marchés européens[20].

Plus bas sur le fleuve, près de l'embouchure de la rivière Betsiamites, le poste des Ilets-de-Jérémie compte aussi une petite population montagnaise stable qui s'adonne à la chasse aux phoques[21]. La tendance à se regrouper autour des postes de traite de manière prolongée n'est toutefois pas généralisée. À l'intérieur des terres, elle ne touche qu'un petit nombre d'Amérindiens, la plupart d'entre eux n'y séjournant que quelques semaines durant l'été, le temps d'échanger leurs fourrures contre des marchandises européennes.

À Chicoutimi, par exemple, le nombre de Montagnais établis en permanence autour du poste de traite est très restreint. Les

Montagnais n'y viennent « que dans les mois de mai, juin et juillet », écrit le père Cocquart, en 1750 ; seules quelques familles « ne s'écartent pas beaucoup » du poste ; les « autres vont au loin[22] ». La tendance au regroupement autour des comptoirs de traite est observable aussi chez les Cris de la baie James, qui commercent aux postes de la Compagnie de la Baie d'Hudson. Là aussi, toutefois, elle ne concerne qu'un petit nombre de familles[23].

Cet appelant en forme de bernache fut confectionné par des artisans cris avec des branches et des brindilles de mélèze, qui sont retenues par de la ficelle de coton. La technique d'assemblage et la forme de cet appelant sont très anciennes. Elles remontent sans doute à la période qui a précédé le contact avec les Européens.

Musée de la civilisation (Québec), 86-1488. Photo : Pierre Soulard.

Des alliés indispensables

Aux XVIIe et XVIIIe siècles, la colonisation française, qui ne fut jamais très imposante, n'entrait guère en conflit avec le mode de vie traditionnel des Autochtones. Peu nombreux, les colons d'origine française étaient surtout concentrés le long des basses terres de la vallée du Saint-Laurent. Au-delà, d'immenses territoires restaient libres pour les activités de chasse et de pêche. Pour les Autochtones, la colonisation française apparaissait nettement moins menaçante que celle des colons anglais. Les Britanniques avaient en effet une bien fâcheuse réputation, celle de « mangeurs de terres ».

Dans les colonies américaines, la colonisation avait bien souvent eu des conséquences dramatiques pour les Amérindiens, qui avaient été poussés hors de leurs territoires pour satisfaire les exigences territoriales des nouveaux colons. Les Amérindiens de la vallée du Saint-Laurent, tout comme ceux des Grands Lacs, étaient bien au fait des pratiques coloniales des Britanniques. L'Anglais n'est « pas plutôt en possession d'une terre », affirmaient les Mohawks de Kahnawake, en 1754, « que le gibier est forcé de déserter, les bois tombent devant eux, la terre se découvre[24] ».

La différence entre les modes de colonisation britannique et français explique pourquoi les Amérindiens eurent largement tendance, aux XVIIe et XVIIIe siècles, à s'allier aux Français. Ceux-ci faisaient en quelque sorte figure de rempart contre les visées expansionnistes des Britanniques. Pour maintenir ses positions en

Au début du XIXe siècle, les Inuits sont les seuls Autochtones du Québec qui ne commercent pas encore avec les Européens. Les Français ont cherché, à quelques reprises, à établir des relations avec ceux qui s'aventuraient sur la Basse-Côte-Nord, mais peine perdue.

Figure représentant deux Inuits. Dans Bacqueville de la Potherie, Histoire de l'Amérique septentrionale, Paris, 1722.

Musée de la civilisation, bibliothèque du Séminaire de Québec, fonds ancien. Photo : Pierre Soulard.

Amérique du Nord, la France avait de son côté besoin de l'assistance des Amérindiens.

Face aux populeuses colonies américaines, la Nouvelle-France souffrait d'un manque flagrant d'effectifs. Dans les années 1750, elle comptait environ 70 000 habitants d'origine française, tandis que les colonies britanniques avaient franchi le cap du million d'habitants. Au XVIIIe siècle, plusieurs observateurs français et britanniques convenaient que la France se maintenait en Amérique grâce au soutien que lui apportaient les nations amérindiennes. En 1757, dans un mémoire adressé à la cour de France, Antoine de Bougainville affirmait par exemple que c'était l'appui des Amérindiens qui avait permis jusque-là aux Français de demeurer au Canada : « nous ne nous soutenons que par la faveur des Sauvages ; c'est le contrepoids qui fait pencher la balance de notre côté[25] ».

Les Amérindiens se démarquaient tout particulièrement lors d'attaques surprises contre les habitations et les postes isolés le long de la frontière. Ils y semaient la terreur et obligeaient les colonies américaines à disperser leurs troupes pour parer à cette menace constante. Dans la vallée du Saint-Laurent, la présence des Amérindiens domiciliés, qui pouvaient réunir environ 800 guerriers, était très appréciée des Français. Ils disposaient ainsi, à portée de la main, de quelques centaines de guerriers autochtones, tout aussi utiles dans les opérations défensives qu'offensives.

Au XVIIIe siècle, les Amérindiens domiciliés étaient très efficaces dans les attaques menées contre les habitations et les postes isolés

de la Nouvelle-Angleterre. Les Iroquois de la région de Montréal et les Abénaquis, qui chassaient au sud du Saint-Laurent, avaient notamment plusieurs différends avec les colons américains, qui empiétaient progressivement sur leurs territoires de chasse. Au Québec, le rôle stratégique des Autochtones se limite toutefois, pour l'essentiel, aux Amérindiens domiciliés de la vallée du Saint-Laurent et, dans une moindre mesure, aux Micmacs de Restigouche.

Les Français disposaient d'un imposant réseau d'alliés amérindiens dans la région des Grands Lacs. Sans ces alliés, ils n'auraient jamais pu maintenir aussi longtemps leurs positions à l'intérieur du continent.

Casse-tête d'origine chippewa, une nation de la région des Grands Lacs.

Musée de la civilisation, 68-3264.

Les Autochtones qui vivaient au nord du Saint-Laurent, en dehors des zones de colonisation, n'ont plus qu'un rôle stratégique marginal à partir de la seconde moitié du XVIIe siècle. Les Montagnais, dont le nombre avait décliné de manière significative, ne participaient plus qu'occasionnellement aux opérations militaires françaises, tout comme les Atikamekws de la Haute-Mauricie. Quant aux Cris de la baie James et aux Naskapis, ils n'avaient jamais vraiment joué un rôle actif sur le plan militaire, se tenant à l'écart des conflits entre les puissances européennes.

Si les Autochtones demeurent, au XVIIIe siècle, d'importants acteurs sur la scène militaire nord-américaine, la nature de l'alliance connaît cependant des changements majeurs. Ces transformations résultent de l'accroissement de la population d'origine européenne et de l'exacerbation des rivalités entre puissances coloniales pour le contrôle du continent. À partir de la seconde moitié du XVIIe siècle,

La colonisation française, qui se limita pour l'essentiel aux basses terres de la vallée du Saint-Laurent, se conciliait mieux avec la poursuite des activités traditionnelles des Amérindiens.

Cornelius Krieghoff, Campement indien devant des chutes.

Archives nationales du Canada, négatif n° C-10693.

Lors de grandes rencontres diplomatiques, les représentants autochtones portaient parfois des vêtements reçus de leurs alliés européens.

« Grand chef de Guerriers iroquois ». Dans J. Grasset-Saint-Sauveur, Encyclopédie des voyages. Costumes civils, militaires et religieux, 1793.

Musée de la civilisation, bibliothèque du Séminaire de Québec, fonds ancien. Photo : Pierre Soulard.

les puissances européennes s'imposent progressivement comme les maîtres du jeu sur la scène géopolitique nord-américaine. Les enjeux politiques et militaires prennent alors, dans le nord-est de l'Amérique, une dimension européenne. Les luttes d'empire se superposent aux anciennes rivalités entre nations autochtones, les insérant dans une nouvelle logique. Les actions des Amérindiens deviennent de plus en plus subordonnées à des impératifs coloniaux, sur lesquels ils n'ont guère d'emprise.

La Conquête britannique et ses suites

Les rivalités entre la France et la Grande-Bretagne connaissent une fin abrupte en 1760, avec la conquête de la Nouvelle-France par les Britanniques. À court terme, cela change peu de chose pour les Amérindiens du Québec, car la Conquête n'est pas suivie par l'arrivée massive de nouveaux colons. Cela contribue à aplanir les relations entre les Britanniques et les Amérindiens domiciliés de la vallée du Saint-Laurent. Dans les premières années du Régime britannique, la nostalgie du Régime français habite encore certains membres des Sept-Nations, mais dans l'ensemble, une fois atténuée la suspicion des premières années, les Amérindiens domiciliés semblent relativement satisfaits de leur nouvelle association avec les Britanniques.

L'arrivée des Britanniques ne met pas non plus un terme à la logique d'alliance présente sous le Régime français. Cette logique se maintient pendant quelques décennies après la conquête de la Nouvelle-France. En 1760, les Amérindiens domiciliés avaient négocié eux-mêmes les termes d'une alliance avec les nouveaux maîtres des lieux. Dans les jours précédant la Capitulation de Montréal (8 septembre 1760), les Amérindiens domiciliés avaient rencontré le surintendant britannique des Affaires indiennes, William Johnson, avec qui ils avaient conclu un traité. En échange d'une promesse de neutralité dans la dernière phase des opérations militaires contre Montréal, Johnson les avait assurés que les Britanniques les traiteraient en amis.

Le procès-verbal de ces pourparlers n'a jamais été retrouvé, mais selon des éléments de la tradition orale autochtone recueillis ultérieurement, Johnson aurait alors promis aux Amérindiens qu'ils ne subiraient pas de représailles pour leur participation à la guerre au côté des Français, qu'ils pourraient conserver leurs terres et exercer librement leur religion, c'est-à-dire la religion catholique. Pris dans le feu de l'action, les engagements d'Oswegatchie furent ratifiés à Kahnawake, les 15 et 16 septembre 1760. Avec cette conférence de Kahnawake, les Amérindiens domiciliés entraient officiellement dans le réseau d'alliance anglo-amérindien[26].

L'église catholique occupe une place centrale dans les villages des Amérindiens domiciliés. Au moment de la Conquête, ils obtiennent, comme les Canadiens, des garanties concernant le libre exercice de la religion catholique.

William H. Bartlett, Le village de Lorette, près de Québec, vers 1830.

Musée du Québec (Québec), 66.139. Photo : Jean-Guy Kérouac.

À court terme, la Conquête change peu de chose pour les Amérindiens du Québec, car le nombre de colons qui débarquent dans la nouvelle colonie britannique demeure limité. Les changements les plus significatifs surviendront au XIXe siècle, lorsque l'expansion coloniale entrera dans une nouvelle phase.

Thomas Davies (1737-1812), Vue d'un campement indien près de la pointe de Lévy, en face de Québec, prise en 1788. Aquarelle. Musée des Beaux-Arts du Canada, n° 6280.

Lorsque les colonies américaines proclament leur indépendance, en 1776, les Amérindiens domiciliés retrouvent une position stratégique intéressante, car ils peuvent à nouveau bénéficier de la rivalité entre deux puissances « étrangères ». Cette guerre prend fin en 1783, avec le traité de Paris, qui reconnaît l'indépendance des États-Unis. Mais, jusqu'au début du XIXe siècle, d'importantes tensions subsistent entre la Grande-Bretagne et les États-Unis, ce qui permet aux Amérindiens de la vallée du Saint-Laurent, sollicités par les deux camps, de conserver une position stratégique avantageuse.

Au tout début du XIXe siècle, les autorités coloniales britanniques évitent toujours de s'ingérer dans les affaires internes de ces communautés, qui demeurent relativement autonomes. La plupart des Amérindiens domiciliés ne se considèrent pas alors comme les sujets de Sa Majesté britannique, mais plutôt comme ses alliés. Le temps des alliances tire toutefois à sa fin. Après la guerre de 1812-1814, l'importance stratégique des Autochtones décline rapidement sur la scène nord-américaine. Les relations entre la Grande-Bretagne et les États-Unis entrent dans une phase moins agitée. Pour les Autochtones du Québec, une nouvelle ère pointe à l'horizon. ❖

3
La fin d'un mode de vie
1815-1970

À partir de la fin du XIXe siècle, le gouvernement canadien construit quelques stations météorologiques dans le Grand Nord, qui deviennent des points de ralliement saisonniers pour les Inuits.

Groupe d'Inuits devant la station météorologique de la baie de Stupart près de Kangiqsujuaq, 1884.

Archives nationales du Canada, négatif n° C-86378. Photo : Robert Bell.

Le XIXe siècle représente une période charnière dans l'histoire des Autochtones du Québec. Jusque-là, la colonisation avait progressé à un rythme modéré et les Autochtones avaient en général pu bénéficier d'immenses territoires pour exercer librement leurs activités de chasse et de pêche. Au début du XIXe siècle, l'expansion coloniale entre toutefois dans une nouvelle phase.

Les besoins grandissants de l'empire britannique en matières premières entraînent l'ouverture de nouvelles régions à la colonisation. Dans la vallée du Saint-Laurent, en raison d'une croissance démographique rapide, l'occupation du sol atteint presque un point de saturation. Les colons débordent donc de l'aire seigneuriale et s'enfoncent dans l'arrière-pays, précédés ou suivis par les travailleurs forestiers.

Ces nouvelles réalités, combinées au déclin de l'importance militaire des Amérindiens, incitent les Britanniques à réviser complètement leur politique indienne. Après 1820, à Londres comme dans la colonie, on préconise la mise en œuvre d'un vaste programme de « civilisation ». L'objectif est clair : il faut forcer l'intégration des Autochtones à la société coloniale[1]. Longtemps considérés comme des alliés militaires qu'il fallait ménager, les Amérindiens sont progressivement identifiés à un « problème social » qu'il faut régler.

Les autorités britanniques sont alors fermement convaincues qu'il faut inciter les Autochtones à se regrouper en villages et à adopter un mode de vie agricole. Cela vaut pour les Amérindiens nomades, qui vivent uniquement de chasse et de pêche, mais aussi pour ceux qui, tout en étant sédentaires, consacrent plusieurs semaines sinon quelques mois par année à la chasse. L'impossibilité de mettre un terme à l'expansion coloniale est l'un des postulats de base dans l'élaboration de la nouvelle politique autochtone des Britanniques. Même ceux qui se portent à la défense des Amérindiens ne peuvent envisager l'idée d'interrompre ce mouvement, associé à la marche du progrès.

Le gouvernement fédéral, à qui la Constitution canadienne de 1867 attribue la responsabilité des Affaires indiennes, hérite de la même philosophie. Dans le siècle qui suit la Confédération canadienne, la politique indienne demeure donc fondamentalement inchangée, l'assimilation des Autochtones restant l'objectif ultime. L'expansion industrielle et colonisatrice, qui poursuit sa course au XXe siècle, atteint des régions de plus en plus éloignées, entraînant dans son sillage la fin d'un mode de vie.

L'expansion coloniale du XIXe siècle et ses conséquences

Le développement de l'industrie forestière est l'un des phénomènes marquants de l'histoire du Québec au XIXe siècle. Le contexte international donne l'impulsion initiale à cette nouvelle activité économique. En 1806, dans le cadre des guerres napoléoniennes, la France impose un blocus sur les ports de la Baltique, où les Britanniques achetaient traditionnellement le bois pour leur industrie navale. La Grande-Bretagne doit alors se tourner vers ses colonies américaines pour s'approvisionner. Cet événement constitue un formidable stimulant pour l'industrie forestière du Québec. Jusque-là négligeables, les exportations montent en flèche.

Au tout début du XIXe siècle, la chasse occupe encore une place importante dans l'économie de subsistance de la plupart des Amérindiens domiciliés, qui y consacrent plusieurs semaines par année, notamment durant l'hiver.

Anonyme, Chasseurs indiens sur la glace. Aquarelle.

Musée de la civilisation, 68-02968. Photo : Pierre Soulard.

Au début des années 1840, les Hurons de Lorette aimaient « encore passionnément la chasse et la pêche », mais s'y livraient « avec moins d'ardeur », car ils rencontraient « plus de difficultés et moins de succès qu'autrefois ». Les chasseurs hurons étaient généralement accompagnés de leurs chiens lorsqu'ils rejoignaient leurs territoires de chasse, au nord du Saint-Laurent.

Indien huron. Dans John R. Coke Smythe, Sketches in the Canadas, Londres, 1840.

Musée de la civilisation, dépôt du Séminaire de Québec, 1993.21100.13. Photo : Pierre Soulard.

En quelques années, stimulée par une politique de tarifs préférentiels, l'industrie forestière s'impose comme le secteur névralgique de l'économie québécoise. Les chantiers de coupe et les scieries poussent alors comme des champignons en bordure des grandes rivières qui se jettent dans le Saint-Laurent. Au début du XIXe siècle, les terres qui bordent la rivière des Outaouais sont parmi les premières à recevoir la visite des bûcherons. Elles deviennent rapidement un des centres importants de la nouvelle activité économique. Le mouvement gagne bientôt les terres qui longent les autres grands affluents du Saint-Laurent, notamment le Saint-Maurice et le Saguenay.

Au moment où l'industrie forestière entre dans sa phase d'expansion, la population du Québec s'accroît rapidement, passant de 335 000 habitants en 1815 à environ 600 000 en 1840. Un grand nombre de Canadiens français quittent alors les anciennes zones de colonisation de la vallée du Saint-Laurent, qui ne suffisent plus à la demande. Empruntant très souvent les mêmes routes que les travailleurs forestiers, ils fondent de nouveaux établissements, non loin des chantiers de coupe de bois qui leur fournissent un travail saisonnier.

La croissance fulgurante de l'industrie forestière et la poussée de la colonisation compliquent rapidement les activités de chasse et de pêche des Autochtones. Là où s'installent les colons et les travailleurs forestiers le gibier se fait vite plus rare. Tous les Autochtones de la vallée du Saint-Laurent, même ceux qui pratiquent l'agriculture sur une base régulière, sont affectés par ce phénomène. Les communautés amérindiennes qui tirent l'essentiel de leur subsistance de la chasse et de la pêche sont toutefois plus durement touchées.

Les Algonquins et les Népissingues de la mission du Lac-des-Deux-Montagnes, qui fréquentent les terres de la vallée de l'Outaouais, sont parmi les premiers à ressentir les effets dévastateurs de l'expansion coloniale. À partir des années 1820, ils multiplient les requêtes auprès des autorités coloniales. Ils demandent des compensations monétaires pour les terres déjà cédées à des colons et la création de terres réservées à leur usage, à même leurs anciens territoires de chasse. Avec les années, le ton de ces pétitions se fait plus pressant. Les autorités coloniales reconnaissent l'urgence d'agir, mais tardent à le faire. Dans les années 1840, les Algonquins et les Népissingues attendent toujours des réponses concrètes à leurs demandes.

Dans la seconde moitié du XIXe siècle, les Montagnais de la Côte-Nord continuaient à fabriquer des canots en écorce, mais cette pratique artisanale commença à disparaître avec l'apparition du canot en toile.

Musée McCord d'histoire canadienne (Montréal), archives photographiques Notman, n° 3205.

À ce moment, ils ne sont plus les seuls à « frapper à la porte », car les Montagnais du Saguenay–Lac-Saint-Jean et de la Haute-Côte-Nord subissent eux aussi les contrecoups du développement de l'industrie forestière et de la colonisation. Ils adressent à leur tour des pétitions aux autorités gouvernementales. Comme les Algonquins et les Népissingues, ils demandent qu'on les dédommage pour la perte de leurs territoires de chasse et qu'on leur réserve des terres, affirmant vouloir se tourner vers l'agriculture. Souhaitée depuis le XVIIe siècle, la sédentarisation des Amérindiens nomades trouvait ainsi, dans l'expansion démographique et industrielle, ses premières conditions de réalisation.

La création des premières réserves modernes

En 1851, répondant finalement aux nombreuses pétitions des Amérindiens, le Parlement du Canada-Uni adoptait l'« Acte pour mettre à part certaines étendues de terre pour l'usage de certaines tribus de sauvages dans le Bas-Canada ». Cette loi, qui réservait 230 000 acres de terres pour l'usage des Amérindiens, visait notamment à favoriser leur sédentarisation et le développement d'une économie agricole[2].

En 1853, les terres mises à part furent formellement partagées entre les Amérindiens. Les Algonquins, les Népissingues, les Atikamekws et les Montagnais du Saguenay–Lac-Saint-Jean et de la Haute-Côte-Nord héritaient de la plus grande partie de ces terres, soit près de 65 % de la superficie totale allouée. Le reste était partagé entre les Micmacs et les Amérindiens de la vallée du Saint-Laurent (Abénaquis, Hurons, Mohawks et Malécites).

Le maire de Montréal, William Workman, pose pour la postérité en compagnie des Mohawks de Kahnawake, revêtus de leurs costumes traditionnels de cérémonie.

Mohawks de Kahnawake, 1870.

Musée de la civilisation, dépôt du Séminaire de Québec 193.16464.

Une pétition des Algonquins et des Népissingues (1845)

Au début du XIXe siècle, les Algonquins et les Népissingues de la vallée de l'Outaouais furent parmi les premiers à subir les contrecoups de l'expansion coloniale et industrielle, qui les força progressivement à se sédentariser.

Alfred Worsley Holdstock, Camp indien sur les rivières Désert et Gatineau, au Québec, vers 1870. Aquarelle.

Archives nationales du Canada, négatif n° C-40098.

Les archives des Affaires indiennes contiennent de nombreuses pétitions adressées aux autorités britanniques par les Algonquins et les Népissingues, où ils exposent la situation pénible dans laquelle ils se trouvent en raison des progrès rapides de la colonisation. Les extraits présentés ici proviennent d'une pétition de 1845 adressée aux membres du Conseil législatif du Canada-Uni.

Milord et Messieurs du Conseil législatif.

Quand vous nous voyez voyager de côté et d'autres sur les fleuves, les rivières et les lacs dans nos faibles canots, vous nous trouvez bien misérables. C'est bien la vérité, nous l'avouons. Nous sommes dans la misère parce qu'on nous dépouille tous les jours de ce que nous possédons. Nos terres passent rapidement entre les mains des blancs. Depuis longtemps vous nous conseillez de cultiver ; bien longtemps nous n'avons pas écouté un conseil si salutaire. Cela est-il étonnant ? Nous étions riches autrefois, rien ne nous manquait : les forêts étaient peuplées d'animaux de toute espèce dont nous vendions les dépouilles bien cher à l'avide marchand ; cela nous donnait le moyen de suffire à nos besoins et à ceux de nos enfants. Mais il n'en est plus ainsi maintenant. Les blancs s'établissent de tous côtés sur nos terres ; et où l'on ne cultive pas, les gens des chantiers sont là pour détruire et faire fuir les animaux qui restent dans le petit espace de terre que l'on ne nous a pas encore ravi. Nos familles sont sans moyens de subsistance et nous ne savons où chercher de quoi vivre. Nous sommes réduits à la plus grande détresse. Nous voulons imiter les blancs. C'est pourquoi nous demandons un terrain pour cultiver. [...] C'est une partie de nos terres de chasse que nous voulons cultiver si vous nous accordez ce que nous vous demandons. ❖

Requête publiée dans Alexis De Barbezoieux, *Histoire de la province ecclésiastique d'Ottawa et de la colonisation dans la vallée de l'Ottawa*, Ottawa, La Cie d'Imprimerie d'Ottawa, 1897, p. 442-443.

Le XIXe siècle est marqué par une reprise de l'activité missionnaire parmi les Autochtones qui vivent en dehors des zones de colonisation. Des chapelles font leur apparition aux endroits où les Amérindiens se rassemblent au cours de l'été.

William G. R. Hind, Tentes de Montagnais et de Naskapis à Sept-Îles, 1861. Aquarelle.

Archives nationales du Canada, négatif n° C-33682.

Les premières réserves modernes venaient de naître sur le territoire du Québec. La plupart d'entre elles — Maniwaki (Kitigan Zibi), Betsiamites (Pessamit), Pointe-Bleue (Mashteuiatsh) — étaient passablement isolées des centres de peuplement et se trouvaient sur les territoires que les Autochtones fréquentaient traditionnellement. Ceux qui s'y installaient se trouvaient dans un isolement partiel, ce qui cadrait bien avec la philosophie des autorités britanniques.

Dans la première moitié du XIXe siècle, les Britanniques avaient longtemps hésité entre une politique d'isolement des Autochtones et une autre misant sur leur intégration rapide au reste de la société coloniale. L'isolement constituait apparemment le meilleur moyen de protéger les Autochtones contre les « vices » du monde blanc et contre les manœuvres frauduleuses d'individus peu scrupuleux. Mais en favorisant la ségrégation, les Britanniques considéraient qu'ils retardaient du même coup le processus d'intégration. D'un autre côté, en favorisant l'insertion des Autochtones au sein de communautés blanches déjà constituées, il devenait à peu près impossible de les protéger contre les abus dont ils pourraient être les victimes.

Ce conflit entre la nécessité de protéger les Autochtones et la volonté de les assimiler ne sera jamais pleinement résolu et donnera lieu à des points de vue partagés. Dans les cercles administratifs, l'opinion qui s'imposa progressivement était celle qui favorisait un isolement partiel, dans des communautés situées, si possible, non loin des populations d'origine européenne, afin que les Autochtones puissent bénéficier de la protection du gouvernement et de l'exemple des colons. La séparation sans l'isolement devait suffire, pensait-on, à protéger de manière adéquate les Autochtones, sans trop entraver leur assimilation.

Être ou ne pas être Indien...

Au XIXe siècle, le programme gouvernemental destiné à favoriser l'assimilation des Autochtones se traduit par une activité législative beaucoup plus intense. Cette imposante législation, qui sera refondue à plusieurs reprises[3], visait notamment à définir le statut légal particulier des Amérindiens. C'est en 1850 que le Parlement du Canada-Uni adopta la première loi établissant les critères devant servir à définir le statut d'Indien[4]. Il s'agissait d'un tournant dans l'histoire des Autochtones car, pour la première fois, des non-Autochtones s'arrogeaient le pouvoir de déterminer qui était Indien et qui ne l'était pas.

À peine trouve-t-on « un Sauvage de pur sang dans tout le village », écrivaient les Hurons de Wendake, en 1845. Le nom huron du peintre Zacharie Vincent, « Telari-o-lin », signifiait « sans-mélange ». En reconstituant sa généalogie, on trouve toutefois des traces de mariages interethniques.

Zacharie Vincent, 1815-1886. Autoportrait. Huile sur toile.

Musée de la civilisation, dépôt du Séminaire de Québec, PC 983.20 R711. Photo : Pierre Soulard.

Les critères retenus dans la loi de 1850 étaient relativement souples. Ceux et celles qui épousaient un Amérindien ou une Amérindienne avaient droit au statut d'Indien, ainsi que leurs descendants. Il en allait de même de toutes les personnes qui avaient été adoptées dans leur enfance par des Amérindiens. Ces critères tenaient donc compte à la fois des pratiques d'adoption suivies dans les communautés autochtones et du nombre croissant d'unions mixtes entre Blancs et Amérindiens.

Toutefois, dès l'année suivante, le Parlement modifia les critères utilisés dans la loi. Il imposa un cadre beaucoup plus restrictif, qui contenait des mesures discriminatoires à l'égard des Amérindiennes qui épousaient des Blancs[5]. Dorénavant, les non-Autochtones qui épousaient des Amérindiennes ne seraient plus considérés comme des Indiens, pas plus que les enfants issus de ces unions mixtes. En 1869, le gouvernement canadien alla un peu plus loin en précisant que les Amérindiennes qui épousaient des Blancs perdaient automatiquement leur statut d'Indienne[6]. Les dispositions de la loi demeuraient toutefois inchangées dans le cas d'un Amérindien qui épousait une non-Autochtone : sa nouvelle épouse et ses enfants étaient considérés comme des Indiens au sens de la loi.

Ces mesures discriminatoires s'accordaient bien avec les normes occidentales concernant le rôle du père dans l'établissement d'une filiation. Précisons cependant que l'adoption de ces critères allait dans le sens des requêtes présentées par les Amérindiens domiciliés de la vallée du Saint-Laurent[7]. Dès l'automne 1850, ils avaient demandé aux autorités britanniques d'exclure du statut d'Indien les Amérindiennes qui épousaient des Blancs, ainsi que leurs enfants.

Décorés de différents motifs animaliers ou floraux, les porte-bébés étaient utilisés par toutes les nations amérindiennes du Québec. Les jeunes enfants passaient une grande partie de la journée emmaillotés dans ces porte-bébés, que les mères portaient sur le dos lors de leurs déplacements.

Musée de la civilisation, 92-183, 68-3105, 68.3103 et 68.3088. Photo : Pierre Soulard.

Cette attitude des Amérindiens domiciliés s'explique en grande partie par les empiétements dont leurs terres étaient l'objet. Épouser une Amérindienne représentait en effet une voie d'accès privilégiée pour les Blancs qui voulaient s'établir en permanence sur les terres des Autochtones. Plutôt limitées aux XVIIe et XVIIIe siècles, ces unions mixtes avaient connu une progression significative dans les premières décennies du XIXe siècle, exerçant apparemment une pression très forte sur les terres qui avaient été formellement réservées à l'usage des Amérindiens.

Jupe et jambières portées par les Huronnes du village de Wendake au XIXe siècle. La coupe de la jupe semble inspirée par les modèles européens, mais les jambières et les appliques décoratives maintiennent un lien avec les traditions vestimentaires huronnes.

Musée de la civilisation, 59-60 et 59-70. Photo : Alain Vézina.

En même temps qu'il établissait les critères devant servir à déterminer qui était Indien, le gouvernement définissait leur condition juridique. En 1857, dans l'« Acte pour encourager la civilisation graduelle des tribus sauvages dans les Canadas », le gouvernement du Canada-Uni inscrivait pour la première fois dans une loi le statut juridique inférieur des Indiens, un statut qui s'apparentait à celui des mineurs. Dans cette même loi, le gouvernement prévoyait par contre des mécanismes destinés à les libérer de cette condition. En vertu des dispositions de l'Acte de 1857, tout Amérindien instruit, de bonnes mœurs et libre de dettes pouvait demander son « émancipation », qui lui serait accordée (ou refusée) après qu'un comité spécial se soit penché sur son dossier.

Pour les concepteurs de la nouvelle politique indienne, ce processus d'émancipation devait nécessairement s'accompagner de l'implantation de la propriété privée. Celle-ci leur apparaissait comme un élément essentiel de la civilisation. La loi de 1857 traduisait bien ces conceptions, puisqu'elle accordait au gouvernement le pouvoir d'attribuer à chaque Amérindien « émancipé » un titre de propriété sur une portion des terres réservées à l'usage des Autochtones.

La loi de 1857 ne pouvait manquer d'apparaître aux Autochtones comme une tentative de « subversion », destinée à faire éclater leurs communautés de l'intérieur. Non seulement le gouvernement affichait son intention de détacher un à un les Amérindiens de leur

Après 1830, la sédentarisation devient un élément central de la nouvelle politique indienne des Britanniques. Les autorités veulent mettre un terme aux pérégrinations hivernales des Amérindiens à l'intérieur des terres et les inciter à développer une économie agricole.

Anonyme, Trois Indiens dans une scène d'hiver, 1839. Aquarelle.

Musée de la civilisation, 68-02964. Photo : Pierre Soulard.

collectivité d'origine, mais il entendait du même coup procéder au démembrement des assises territoriales déjà fragiles de ces communautés en les distribuant à ceux qui s'émanciperaient.

Pour les Autochtones qui se plaignaient depuis quelques décennies des empiétements dont leurs terres étaient l'objet, cette perspective n'avait certainement rien de réjouissant. La loi de 1857 suscita de vives protestations parmi les Autochtones, qui la considéraient comme une attaque en règle contre leur culture[8]. On comprend aisément, dans ces circonstances, pourquoi elle fut un échec total. Cela n'incita pas le gouvernement à changer de stratégie. Pendant plus d'un siècle après la Confédération de 1867, l'« émancipation » demeurera un élément clé dans la législation canadienne à l'égard des Autochtones.

Costume d'apparat huron porté par les hommes lors de cérémonies officielles. Ce genre de costume tomba en désuétude dans la seconde moitié du XIXe siècle, lorsque la chefferie traditionnelle fut remplacée par les conseils de bande.

Redingote, jambières et sac ayant appartenu à François-Xavier Picard « Tahourenché », 1860.

Musée de la civilisation, 59-54, 59-69 et 59-55. Photo : Alain Vézina.

Le gouvernement fédéral impose les conseils de bande

Au XIXe siècle, l'abolition des structures politiques traditionnelles était considérée comme une étape essentielle dans le progrès des Autochtones vers la « civilisation ». D'une part, ces structures étaient jugées inférieures ; d'autre part, les chefs traditionnels avaient rapidement été catalogués comme une source de résistance aux changements que les autorités voulaient introduire dans les communautés autochtones. Peu de temps après la Confédération, le gouvernement canadien adopta donc les premières mesures destinées à favoriser l'implantation de nouvelles structures politiques à la place des chefferies traditionnelles.

La loi de 1869 — Acte pourvoyant à l'émancipation graduelle des Sauvages — fut la première mesure en ce sens. Cette loi accordait au gouvernement canadien le pouvoir d'imposer aux communautés indiennes des conseils de bande élus, dont les pouvoirs s'apparentaient à ceux des conseils municipaux. Les dispositions législatives destinées à favoriser l'implantation des conseils de bande seront modifiées à quelques reprises dans les années suivantes, sans que cela suscite un mouvement d'adhésion de la part des Amérindiens.

Jusqu'au début du XIXe siècle, les communautés autochtones du Québec conservent une large part d'autonomie sur le plan politique. Elles choisissent elles-mêmes les structures politiques qui leur conviennent et gèrent leurs affaires internes sans trop d'ingérence de la part des autorités coloniales. Cette réalité change rapidement après 1850.

H. Lynch, *Présentation d'un chef nouvellement élu au Conseil de la tribu huronne de Lorette*, 1841. Lithographie.

Musée de la civilisation, dépôt du Séminaire de Québec, 1993.15657. Photo : Pierre Soulard.

Le système des conseils de bande ne correspondait pas à la culture politique des Amérindiens, ce qui explique sans doute en partie leur manque d'empressement à l'adopter. Mais il faut aussi savoir que la nouvelle structure politique proposée par Ottawa n'offrait que des pouvoirs très limités. Elle confinait en fait les Autochtones à un rôle mineur, sous la tutelle des officiers du ministère des Affaires indiennes. Sous le couvert d'une mesure destinée à faciliter le progrès des Autochtones vers la civilisation, le système des conseils de bande correspondait dans les faits à une mise en tutelle.

Les Autochtones, qui avaient agi pendant des siècles à la manière de nations autonomes, n'étaient pas pressés de rejoindre les rangs des simples conseillers municipaux... À la fin du XIXe siècle, s'impatientant devant le peu d'enthousiasme des Autochtones à adopter le système des conseils de bande, le gouvernement canadien procéda de manière unilatérale et l'imposa à l'ensemble des bandes du Québec[9].

Le XIXe siècle marque un tournant dans l'histoire politique des Autochtones du Québec. C'est l'époque de la mise en tutelle. L'abolition des structures politiques traditionnelles et l'imposition des conseils de bande sont deux manifestations concrètes du changement d'attitude des autorités politiques canadiennes à l'égard des Autochtones.

Chef d'Oka paré de ceintures de wampum, 1870.

Musée McCord d'histoire canadienne (Montréal), archives photographiques Notman, 48.873-BI.

Les Autochtones s'ajustent aux nouvelles réalités économiques

Les nouvelles réalités économiques du XIXe siècle ont des impacts importants sur le mode de vie de plusieurs communautés autochtones, notamment celles vivant au sud du Québec, qui doivent s'ajuster à un nouvel environnement socioéconomique. Le déclin généralisé de la chasse les oblige à se tourner vers d'autres activités pour assurer leur subsistance. Dans la première moitié du XIXe siècle, les concepteurs de la nouvelle politique indienne avaient cru que la diminution du gibier allait rapidement forcer les Amérindiens à se tourner vers l'agriculture. Leurs espérances en ce sens ne furent toutefois que très partiellement comblées.

Tamis ou van confectionné par les Abénaquis, avec des branches de roseau. Des tamis de ce genre étaient utilisés par tous les peuples amérindiens qui pratiquaient l'agriculture. Parlant des Hurons qu'il visite en 1615, Champlain écrit qu'ils pilent le maïs et le « réduisent en farine de laquelle ils prennent la fleur par le moyen de certains vans, faits d'écorce d'arbres ».

Musée de la civilisation, 88.2735. Photo : Pierre Soulard

L'agriculture fit bien quelques progrès parmi les Autochtones, mais nombre d'entre eux se montraient toujours rébarbatifs à cette réorientation de leurs activités de subsistance. L'échec du développement de l'agriculture était particulièrement patent en périphérie, dans les secteurs récemment ouverts à la colonisation, comme le Saguenay–Lac-Saint-Jean ou la Côte-Nord. Pour plusieurs Innus (Montagnais) de ces régions, les nouvelles activités agricoles entraient en conflit avec les anciennes activités de chasse et de pêche, auxquelles ils ne pouvaient encore renoncer.

À Pointe-Bleue (Mashteuiatsh), les progrès en agriculture étaient surtout le fait de Métis, qui s'étaient installés sur la réserve nouvellement créée. Sur la réserve innue de Betsiamites (Pessamit), dans la seconde moitié du XIXe siècle, seuls quelques personnes cultivaient de petits champs ou entretenaient de minuscules jardins[10]. Pour beaucoup d'Amérindiens nomades, les nouvelles réserves créées dans la seconde moitié du XIXe siècle ne furent

Ce genre de sac, fabriqué au XIXe siècle, était utilisé par les Montagnais, qui s'en servaient pour transporter des effets personnels. Il est confectionné avec des bandes rouges et noires de laine feutrée, qui sont assemblées en alternance.

Musée de la civilisation, 83-2239. Photo : Pierre Soulard.

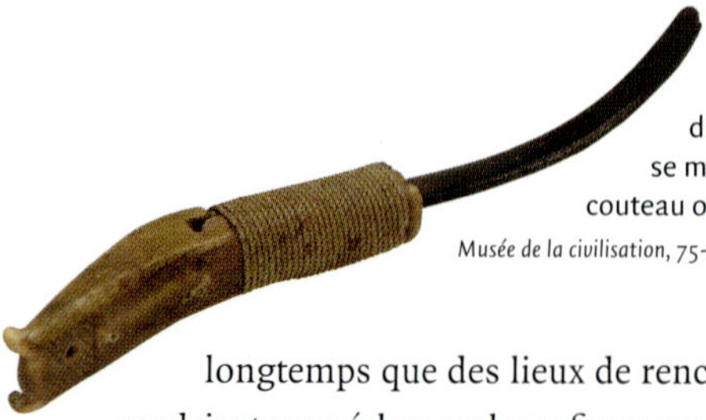

Couteau croche utilisé dans le travail du bois. Ce genre d'outil se manie à l'inverse d'un couteau ordinaire.

Musée de la civilisation, 75-1216. Photo : Pierre Soulard.

longtemps que des lieux de rencontre estivale. Ils s'y rendaient pour échanger leurs fourrures et rencontrer les missionnaires, avant de repartir vers l'intérieur des terres.

Plutôt que de favoriser l'émergence d'une véritable économie agricole, le déclin de la chasse au XIXe siècle incite plutôt les Autochtones à se tourner vers d'autres activités où il n'est pas nécessaire de s'astreindre pendant de longues journées aux travaux des champs. Les emplois saisonniers prennent ainsi davantage d'importance, tout comme les activités artisanales qui, dans certaines communautés, procurent des revenus appréciables.

Dans la seconde moitié du XIXe siècle, la commercialisation des produits de l'artisanat autochtone atteint une ampleur inégalée jusque-là. La croissance démographique des villes, qui élargit les marchés disponibles, et le développement des activités de loisirs et de tourisme, qui fournit une clientèle pour les produits exotiques fabriqués par les Autochtones, ont certainement contribué à ce phénomène.

Dans les dernières décennies du XIXe siècle, la confection de paniers tressés connaît une vogue sans précédent parmi les Amérindiens de la vallée du Saint-Laurent. Chez les Abénaquis d'Odanak, elle prend presque la forme d'une industrie : elle « finit même par absorber presque toutes les activités des résidents du village : hommes, femmes et enfants[II] ». Cette activité se révèle très rentable jusque dans les premières années du XXe siècle et elle incite les Abénaquis à traverser chaque année la frontière américaine pour écouler leurs marchandises.

Dans la seconde moitié du XIXe siècle, les Amérindiens domiciliés trouvent dans la commercialisation de leur artisanat une source de revenus intéressante. Les paniers tressés sont notamment très populaires dans les centres urbains et auprès des touristes de passage dans leurs villages.

Cornelius Krieghoff, Vendeuse de paniers, vers 1840. Huile sur toile.

Musée du Québec, 59.622. Photo : Patrick Altman.

La commercialisation de l'artisanat autochtone se manifeste d'abord dans les communautés de la vallée du Saint-Laurent, mais le phénomène gagne rapidement les zones périphériques. Dans la seconde moitié du XIXe siècle, l'artisanat assurait des revenus d'appoint aux Innus (Montagnais), qui confectionnaient de menus articles pour les villégiateurs.

Curiosités indiennes à Tadoussac, vers 1880.

Archives nationales du Québec (à Québec), collection Livernois. Photo : J.-Ernest Livernois.

Les Hurons de Lorette (Wendake) participent aussi très activement à la confection et à la vente de paniers tressés : « Nombre de familles, à Lorette, se livrent à cette fabrication », écrit Léon Gérin. « Les produits sont en partie détaillés sur les lieux, en partie vendus en gros aux marchands des grandes villes, ou encore colportés par les Hurons eux-mêmes dans les centres urbains et aux stations balnéaires. » Plusieurs semaines par an, certains Hurons vont ainsi vendre leurs produits « à la Malbaie, à Cacouna ou à la Rivière-du-Loup, sur le bas Saint-Laurent[12] ».

Si elle est plus rapidement perceptible parmi les Amérindiens établis dans la vallée du Saint-Laurent, la commercialisation de l'artisanat touche aussi, dans la seconde moitié du XIXe siècle, plusieurs communautés autochtones vivant en périphérie des centres de colonisation.

Les Inuits s'intègrent au commerce des fourrures

Les grands bouleversements du XIXe siècle affectent surtout les Autochtones qui vivent au sud du Québec. Les richesses naturelles des territoires du nord ne suscitent pas encore la convoitise. Les Cris de la baie James, les Innus de la Moyenne et de la Basse-Côte-Nord

Campement d'été inuit à Ingiulittuq, 1897. Les Inuits se rassemblaient à cet endroit pour chasser le phoque et le béluga.
Archives nationales du Canada, négatif n° PA-51466. Photo : A. P. Low.

et les Inuits ne sont donc guère touchés par les nouvelles réalités économiques du XIXe siècle. Pour eux, les changements les plus radicaux ne surviendront qu'au XXe siècle.

Le XIXe siècle voit cependant le début des échanges réguliers entre les Inuits du Québec et les Eurocanadiens. La Compagnie de la Baie d'Hudson établit alors des postes dans les régions où vivent les Inuits, qui sont progressivement intégrés, surtout à partir de la seconde moitié du XIXe siècle, au commerce des fourrures. La culture matérielle des Inuits en subit les contrecoups et connaît des transformations similaires à celles observées quelques siècles plus tôt chez les Autochtones du Sud. Les objets en métal se font plus nombreux et les armes à feu sont progressivement adoptées par les chasseurs inuits[13].

La participation au commerce des fourrures s'est traduite par de nombreuses influences sur les vêtements des Inuits du Québec. Les tissus ont remplacé les peaux.
Jeunes filles inuites, Kangiqsujuaq (Maricourt), vers 1950.
Musée de la civilisation, fonds Chauvel, n° 73. Photo : André Chauvel, o.m.i.

Dans les premières décennies du xxe siècle, les Inuits du Québec profitent de l'intense rivalité commerciale qui existe entre la Compagnie de la Baie d'Hudson et la compagnie Révillon et Frère. Jusque dans les années 1930, le prix des fourrures suit une courbe ascendante, mais il fléchit brusquement par la suite, conséquence de la crise économique et du retrait des affaires de la compagnie Révillon et Frère.

Inuits au poste de la Compagnie de la Baie d'Hudson. Inukjuak, 1947.

Archives nationales du Canada, négatif n° PA-129927. Photo : Richard Harrington.

À la toute fin du XIXe siècle, les changements culturels sont plus prononcés chez les Inuits établis dans les secteurs plus méridionaux, où les contacts avec les Européens sont plus anciens. Les Inuits de Fort Chimo (Kuujjuaq) ont ainsi délaissé leurs chauds habits en peau de caribou — à tout le moins durant la saison estivale — pour les vêtements de coton. Par contre, plus au nord, les Inuits qui fréquentent le poste de Wakehaw sont encore revêtus de leurs vêtements traditionnels[14].

Jusqu'à la fin du XIXe siècle et même pendant les premières décennies du XXe siècle, les contacts des Inuits avec la société eurocanadienne se limitent aux échanges commerciaux avec les marchands de fourrures. L'établissement de ces rapports commerciaux met un terme à quelques siècles de relations tendues entre Inuits et Blancs. Comme au sud, le commerce des fourrures crée des conditions qui favorisent la recherche de compromis.

La fin du nomadisme

Dans la première moitié du XXe siècle, l'industrialisation du Québec s'intensifie et connaît une restructuration en profondeur. Les industries manufacturières cèdent rapidement le pas à celles centrées sur l'exploitation des matières premières. L'hydro-électricité est l'un des secteurs qui connaît une expansion rapide à cette époque. En 1898, commence la construction d'un premier grand barrage, celui de Shawinigan, sur le Saint-Maurice. Le mouvement progresse rapidement par la suite et gagne les principaux affluents du Saint-Laurent.

Le développement de l'hydro-électricité entraîne dans son sillage de nouvelles industries, notamment celles du secteur de l'électrométallurgie et de l'électrochimie. Ces deux industries, dont le fonctionnement exige des quantités impressionnantes d'électricité, s'implantent là où l'énergie électrique est abondante. C'est ainsi, par exemple, que la construction du barrage hydro-électrique à Shawinigan est suivie de peu par celle d'une aluminerie.

Parmi les nouveaux secteurs industriels qui se développent au début du XXe siècle, l'industrie des pâtes et papiers occupe aussi une place toute particulière. Cette industrie est l'une des plus importantes à s'implanter au Québec dans le premier tiers du XXe siècle. Elle transforme l'industrie forestière et lui donne un nouvel essor. L'économie québécoise en profite, celle des Autochtones en souffre grandement. De larges secteurs des territoires autochtones deviennent impraticables pour la chasse, la pêche et les activités de piégeage.

Manteau d'enfant fabriqué par les Cris avec des lanières de peau de lièvre, qui sont tressées et nouées sur un métier très simple. Ce manteau est de fabrication récente, mais la technique de confection est très ancienne.

Musée de la civilisation, 66-388. Photo : Pierre Soulard.

Intérieur d'une tente que les Cris habitaient durant les mois d'été, avant de se sédentariser.

Poste du lac Mistassini, 1950.

Archives nationales du Québec à Québec, série Office du film du Québec, n° 79129-50. Photo : G. Bédard.

La vie traditionnelle des Naskapis

L'acquisition des armes à feu ne signifia pas la disparition immédiate des armes traditionnelles. Dans certaines régions, l'arc et les flèches restèrent encore longtemps en usage, notamment pour la chasse au petit gibier. Les garçons étaient initiés très jeunes au maniement de ces armes.

Groupe de Naskapis. Photographie de l'expédition Hubbard, Labrador, 1901-1909. Musée de la civilisation

Témoignage de Joseph Guanish

Encore enfant, j'ai commencé à apprendre en observant ce que les adultes faisaient, puisque je passais beaucoup de temps dans le bois avec mes grands-parents et mes parents. Je chassais avec mon grand-père et j'écoutais ses enseignements. J'ai appris combien les rivières et les lacs peuvent être dangereux, et comment survivre en forêt. Plus tard, ayant acquis plus d'expérience, on m'a demandé d'enseigner ce que je savais aux plus jeunes.

Lorsqu'on considéra que j'en savais assez pour prendre soin de moi-même et d'une famille, on me dit que j'avais atteint l'âge d'avoir une femme et des enfants. C'était la tradition alors : les jeunes se mariaient lorsque les aînés leur disaient que le moment était venu. S'ils étaient d'accord avec l'arrangement proposé par les aînés, il y avait alors une cérémonie de mariage.

Les Naskapis avaient l'habitude de transporter du matériel, des vivres et des vêtements de Fort Chimo à Fort McKenzie. Il nous fallait faire des portages et j'étais là pour accomplir ma part du travail. Avec l'hiver venait le temps de poser les pièges, de chasser et de pêcher pour se nourrir jusqu'au printemps. [...]

Il m'arrivait souvent de manquer de sommeil à cette époque, ça faisait partie de mon apprentissage. C'était une façon d'apprendre à ne pas me laisser envahir par la paresse. C'était ainsi pour beaucoup de jeunes gens. Ils se reposaient peu afin d'être prêts lorsqu'il fallait chasser et qu'il y avait beaucoup de travail dur et fatigant à faire. Dans ce temps-là, pour survivre, il arrivait que nous ne puissions pas nous reposer du tout pendant plusieurs jours. Les gens s'entraidaient beaucoup, se respectaient et géraient leurs affaires sans aucune aide des non-Autochtones. ◈

SOURCE : « Le passé forge l'avenir », entrevue avec Joseph Guanish, dans *Rencontre*, vol. 17, n° 3, hiver 1995-1996, p. 6.

Jusqu'au début du XXe siècle, les Algonquins de l'Abitibi demeurent relativement isolés. Seuls les missionnaires et les commerçants de fourrures se rendent sur leur territoire. Dans les premières décennies du XXe siècle, la prospection minière change rapidement cette réalité. La région se transforme en zone de colonisation.

Anonyme, Indiens de l'Abitibi, 1900.
Archives nationales du Canada, négatif n° PA-143255.

L'exploitation minière reste, de son côté, encore peu développée dans le premier tiers du XXe siècle, mais elle progresse rapidement par la suite, avec l'exploitation des mines de l'Abitibi, suivie à partir des années 1950 de celle des riches gisements miniers de la péninsule du Québec-Labrador. Le développement des nouveaux secteurs industriels entraîne la construction de nombreuses infrastructures (routes, chemins de fer, lignes de transmission de l'électricité, etc.). Les nouvelles entreprises qui s'installent près des matières premières drainent aussi de larges bassins de population, donnant naissance à de nouvelles agglomérations dans l'arrière-pays.

Comme au XIXe siècle, l'expansion industrielle a des conséquences majeures sur le mode de vie des

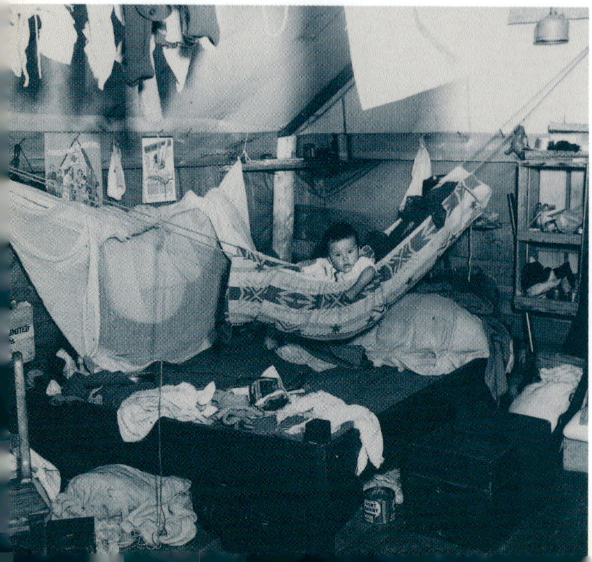

Par la quantité d'objets qu'elle contient, cette tente d'une famille crie du lac Mistassini montre que le processus de sédentarisation est bien amorcé. Les murs sont en planches ; seul le toit est en toile. En installant leurs jeunes enfants dans un hamac, les parents les protégeaient du froid.

Intérieur d'une tente chez les Cris du lac Mistassini, 1950.
Archives nationales du Québec à Québec, série Office du film du Québec, n° 79140-50. Photo : G. Bédard.

Autochtones. Dans plusieurs régions, le milieu écologique est considérablement perturbé : le gibier se fait plus rare, et les conditions de vie des Autochtones, qui en dépendent pour leur survie, plus précaires. Ceux qui avaient été partiellement ou totalement épargnés par la première vague d'expansion — celle de l'industrie forestière et de la colonisation agricole — sont frappés de plein fouet.

Le déclin rapide des activités traditionnelles de chasse et de pêche contribue à détériorer les conditions de vie des Autochtones encore nomades. Leur dépendance à l'égard de l'assistance gouvernementale s'accroît d'autant, créant les conditions propices à la poursuite du processus de sédentarisation. Dans la seconde moitié du XXe siècle, plusieurs réserves s'ajoutent aux 24 déjà existantes : Simo Sagigan (Lac-Simon), Kebawek, Kitiganik (Lac-Rapide) et Winneway en territoire algonquin ; Eastmain, Mistissini et Waswanipi en territoire cri ; Ekuantshit (Mingan), Nutukuan (Natashquan), Unamen Shipi (La Romaine) et Matimekosh (Schefferville) en territoire montagnais[15].

Après 1950, la mise sur pied de programmes d'assistance gouvernementale plus étendus contribue à limiter les séjours des Autochtones à l'intérieur des terres. Comme le remarque Richard Dominique au sujet des Montagnais de Nutukuan (Natashquan), ceux-ci « reconnaissent qu'une transformation majeure a eu lieu lorsque le gouvernement du Canada instaura ses programmes sociaux[16] ». Les Autochtones disposaient alors de revenus qui rendaient moins nécessaires les longs séjours à l'intérieur des terres. Pour plusieurs d'entre eux, il était plus simple,

La scolarisation obligatoire des enfants a eu des répercussions très importantes sur la transmission des connaissances et des savoir-faire ancestraux, qui reposait essentiellement sur l'observation et l'imitation. La fréquentation des bancs d'école plusieurs mois par année a interrompu cet apprentissage et créé un milieu propice à la diffusion de nouvelles valeurs, celles des « Blancs ».

Un groupe de jeunes Inuits devant leur école, Kuujjuaq (Fort Chimo), 1967.

Archives nationales du Québec à Québec, série Office du film du Québec, n° 6740840. Photo : Jean-Paul Bôdy.

Les traditions du travail de l'écorce se maintiendront plus longtemps parmi les Atikamekws que chez les autres communautés amérindiennes du Québec. Sur cette photo, de 1952, un Atikamekw et son épouse de la réserve de Manawan préparent les matériaux nécessaires à la fabrication d'un canot en écorce.

Archives nationales du Québec à Québec, série Office du film du Québec, n° 92452-52. Photo : J. A. Tremblay.

plus confortable et plus sûr de rester en permanence dans les limites de la réserve plutôt que de parcourir chaque hiver des centaines de kilomètres à la poursuite d'un gibier qui se faisait de plus en plus rare.

Au lendemain de la Seconde Guerre mondiale, les gouvernements canadien et québécois multiplient aussi les interventions pour intégrer les jeunes Autochtones du Nord à l'ensemble du système scolaire. Jusque-là, l'enseignement avait surtout été dispensé par des missionnaires, habituellement durant la saison estivale, là où les Amérindiens établissaient leurs campements d'été, ce qui n'entrait pas en conflit avec leur mode de vie traditionnel. Cette époque prend fin dans la seconde moitié du XXe siècle, alors que des écoles sont construites dans plusieurs communautés autochtones du

L'observation et l'imitation étaient les moyens privilégiés pour transmettre les connaissances traditionnelles.

Une amérindienne et sa fille confectionnent des mocassins sous la tente à Chapais, 1966.

Archives nationales du Québec à Québec, série Office du film du Québec, n° 6642578. Photo : Jean-Paul Bôdy.

À partir du XIXe siècle, les armes à feu sont devenues des instruments indispensables pour les chasseurs inuits.

Une famille inuite de Kuujjuaq (Fort Chimo), 1967.

Archives nationales du Québec à Québec, série Office du film du Québec, n° 6740831. Photo : Jean-Paul Bôdy.

Nord et que deux pensionnats indiens ouvrent leurs portes, l'un à Amos, l'autre à Sept-Îles.

Rapidement, des pressions sont exercées sur les parents pour les forcer à envoyer leurs enfants à l'école ou dans les pensionnats, de septembre à juin. Au Québec, contrairement à plusieurs autres provinces canadiennes, la durée des pensionnats indiens fut relativement brève. Ces institutions, qui formaient de véritables lieux d'acculturation forcée, ont malgré tout laissé des cicatrices profondes.

Les Autochtones qui ont connu ces pensionnats en gardent généralement un souvenir amer : « Je fais partie d'une génération déracinée qu'on a envoyée subir la vie rigide des pensionnats », raconte Charles Coocoo, un Atikamekw. « Il y était souvent interdit de parler sa langue et les châtiments corporels étaient courants. » Les enfants y étaient coupés de l'affection de leurs parents neuf mois par année et lorsqu'ils les retrouvaient « il était bien souvent difficile de communiquer avec eux », car le séjour prolongé dans ces institutions favorisait le déclin des langues autochtones au profit du français[17].

Le choc était brutal aussi pour les parents que l'on séparait de leurs enfants la plus grande partie de l'année : « Puis vint ce jour », se souvient Julienne Malec, montagnaise de Nutukuan (Natashquan), « où il a fallu préparer les enfants et les envoyer à Sept-Îles, du mois de septembre au mois de juin ». Cinq de ses enfants ont pris le chemin du pensionnat, ce qui a bouleversé son existence et la leur : « La vie n'a plus jamais été la même à partir de ce moment-là, pour eux comme pour nous[18]. »

La scolarisation obligatoire a contribué de diverses manières à mettre un terme au nomadisme. Après l'ouverture d'une école dans une communauté, plusieurs familles décidaient souvent d'y rester en permanence, afin de ne pas abandonner leurs jeunes enfants derrière eux plusieurs mois par année. C'est ce qui se produisit, par exemple, à Unamen Shipi (La Romaine), à la fin des années 1950, où, comme le constatent les oblats, l'ouverture de l'école incita plusieurs familles à demeurer au village : « Pour la première fois, une douzaine de familles passent l'hiver près de la mission afin de permettre aux enfants la fréquentation de l'école. Seuls les hommes sont partis, mais reviennent périodiquement porter le fruit de leur chasse[19]. »

La scolarisation obligatoire avait aussi pour effet de bloquer la transmission des connaissances et des savoir-faire ancestraux, qui reposait essentiellement sur l'observation et l'imitation. Les jeunes Autochtones qui sortaient des écoles ou des pensionnats n'étaient plus en mesure, et n'avaient bien souvent plus le goût, de reprendre le mode de vie de leurs parents. Comme l'expliquait une Montagnaise de Unamen Shipi, « maintenant [que] les jeunes vont à l'école à l'extérieur de la réserve, ils ne veulent plus apprendre les connaissances traditionnelles[20] ».

Les jeunes adultes qui n'avaient pas connu les longs séjours à l'intérieur des terres s'installaient en permanence dans les réserves ou en milieu urbain. Ils se tournaient vers les emplois salariés lorsque le contexte économique s'y prêtait ou encore vivaient de l'aide sociale, là où les conditions économiques étaient les plus précaires.

Pour les Inuits du Grand Nord, l'intensification des contacts se traduit par un accroissement des maladies. Au XXe siècle, la tuberculose fait notamment des ravages importants. Plusieurs Inuits sont conduits dans les hôpitaux du sud pour recevoir des traitements contre cette maladie.

Des Inuits attendent d'être examinés sur le navire C. D. Howe. Salluit, 1951.

Archives nationales du Canada, négatif n° PA-126559. Photo : W. Doucette.

La fin du nomadisme, la fin d'un mode de vie

Dans les communautés montagnaises de la Moyenne et de la Basse-Côte-Nord, la sédentarisation est un phénomène relativement récent et plusieurs aînés ont vécu l'époque du nomadisme.

Montagnaises du village de Mingan, 1991.

Photo : Gilles Chaumel, SAA.

Témoignage de Germaine Mesténapéo

[...] Je suis née dans une des premières maisons en bois que le gouvernement a fait construire à Natashquan. Je pense être une des premières Autochtones sédentaires de la Côte-Nord et je n'en suis pas fière. Je suis convaincue que cette situation m'a causé plus de tort que de bien. Aujourd'hui, je crois sincèrement que j'aurais préféré la vie nomade de mes parents et de mes grands-parents à celle que j'ai vécue. La leur était peut-être plus difficile mais elle correspondait à leurs valeurs.

Ma jeunesse a été celle d'un monde qui se perd, qui garde difficilement ses traditions. Je suis née avec l'aide de ma grand-mère, de mon arrière-grand-mère et d'une autre sage-femme. Ma mère m'a nourrie et lorsqu'elle était absente, c'est une autre Montagnaise qui l'a fait.

J'ai été élevée au temps où on fabriquait des colliers de perles de bois aux enfants pour les préserver des maladies, où on leur noircissait le bout du nez pour les guérir du hoquet, où les atshukuian [sacs pour emmailloter le bébé] et les hamacs servaient de lits aux enfants. Je suis née à l'époque où les rêves servaient encore de guides aux jeunes comme aux adultes, où l'on apprenait la prière et les légendes pour exercer notre mémoire et apprendre notre histoire. La nuit venue, il fallait arrêter de jouer et mes parents m'ont appris à ne pas pleurer pour rien car les pleurs, affirmaient-ils, attirent le malheur.

Pour donner la vie, nos grands-mères accouchaient à genoux et parfois seules. Le placenta était brûlé par respect pour le sang. Elles racontaient que la plupart du temps elles recommençaient leurs travaux quotidiens dès le lendemain. Lorsque leurs filles avaient leurs premières règles, elles devenaient des femmes et se préparaient à se marier.

Les grands-mères disent aussi que les filles apprenaient très tôt à faire des vêtements, à nettoyer les animaux, à garder leurs frères et sœurs, à prendre soin de la maison. C'était souvent elles qui devaient bûcher le bois de chauffage. Les plus âgées apprenaient à soigner avec la médecine traditionnelle. Elles ramassaient les plantes afin de les sécher. Elles apprenaient aussi à connaître et surveiller le cycle des saisons afin de savoir à quel moment précis ramasser les diverses plantes, parce que cette même flore pouvait autant guérir qu'empoisonner. Toutes ces règles de conduite et bien d'autres encore passent aujourd'hui aux yeux de plusieurs pour de la superstition. Mais à cette époque, les responsabilités des femmes étaient grandes. [...]

SOURCE : « Innushkueu issishueu », dans *Rencontre*, vol. 14, nº 1, automne 1992, p. 4-5.

À partir des années 1950, le gouvernement canadien intensifie les mesures pour favoriser la construction des maisons en bois. Rapidement, elles remplaceront les iglous.

Un iglou la nuit, vers 1950.

Musée de la civilisation, fonds Chauvel, n° 67. Photo : André Chauvel, o.m.i.

On retrouve les mêmes phénomènes chez les Inuits, où la sédentarisation progresse rapidement après 1950. La Deuxième Guerre mondiale avait donné lieu à la construction de quelques bases militaires dans le Grand Nord. Ces bases étaient rapidement devenues des pôles d'attraction pour les Inuits, qui s'y rassemblaient pour des périodes plus ou moins longues. Certains y trouvaient des emplois salariés, d'autres s'y présentaient pour recevoir des secours (assistance alimentaire, soins médicaux, etc.)[21].

Après la guerre, le gouvernement fédéral intensifia ses interventions dans le Grand Nord. Les premières écoles et les premiers dispensaires apparaissent dans certains centres, comme Inukjuak et Kuujjuak. Dans les années 1950, mais surtout dans les années 1960, des programmes furent mis sur pied pour favoriser la construction de maisons en bois, qui arrivaient, préfabriquées, du sud. À partir de la seconde moitié du XXe siècle, dans le contexte de la montée du nationalisme québécois, le gouvernement du Québec commença lui aussi à s'intéresser aux territoires du Nouveau-Québec, dont il avait hérité en 1912.

À la fin des années 1950, ses équipes d'exploration et de prospecteurs s'y présentèrent, soit pour évaluer le potentiel hydroélectrique ou pour découvrir des gisements miniers. À partir du moment où il créa la Direction générale du Nouveau-Québec, en 1963, le gouvernement québécois multiplia les interventions administratives dans les communautés nordiques. Cette plus grande intervention

La vie traditionnelle était merveilleuse, mais...

Départ en traîneau pour le camp de printemps. Ivujivik, 1951.

Musée de la civilisation, fonds Chauvel, n° 16. Photo : André Chauvel, o.m.i.

Témoignage de Lazarusie Epoo

Le matin, il faisait très froid dans l'igloo, et il fallait être robuste pour se lever, surtout lorsqu'on devait enfiler des kamiks gelés comme de la glace. J'avais du mal à me lever le matin.

Il faisait froid aussi sous la tente, en automne, avant d'allumer le poêle à bois. Les kamiks n'étaient pas moins gelés, et la seule façon de les réchauffer était de les porter quelques heures. Les hommes vigoureux se levaient dans le froid, enfilaient leurs bottes gelées et partaient à la chasse. Ils ne prenaient qu'une tasse d'eau chaude pour déjeuner, parce qu'il n'y avait pas de nourriture, mais nous étions habitués à cela. Les chasseurs n'avaient de nourriture pour eux et pour leur famille que lorsqu'ils revenaient de la chasse. Quand ils prenaient du gibier à proximité du campement, ils y revenaient rapidement pour nourrir la famille affamée. Parfois, mais pas tout le temps, il y avait des périodes de disette, et c'était très dur pour les enfants. Les hommes faisaient du mieux qu'ils pouvaient pour voir à ce que tous aient assez de nourriture, en particulier les enfants. De temps en temps, ils n'avaient pas d'autre choix que de nous donner de la viande de chien à manger. J'aimais bien ça (si le chien est un animal en santé, sa viande a un goût très semblable à la viande d'ours blanc). Heureusement, je n'ai jamais rencontré personne qui ait dû manger de la chair humaine, quoique j'ai entendu dire que certains le faisaient par le passé, quand c'était absolument nécessaire. Je pense que cela remonte à bien loin dans le temps. Remarquez, ce ne sont là que des rumeurs.

La vie traditionnelle était merveilleuse, mais elle était parfois terriblement difficile. Nous avions moins d'inquiétudes, et l'argent n'était certes pas un souci, car nous n'en faisions pas grand usage. Notre principale préoccupation, c'était la nourriture. ❖

SOURCE : *Tumivut*, n° 7, automne 1995, p. 21-22.

Dans les communautés nordiques, plus isolées, les techniques traditionnelles du travail de la peau se sont perpétuées plus longtemps et sont encore connues par quelques aînés.

Étirage d'une peau de caribou par une Montagnaise d'Unamen Shipi (La Romaine), 1982.

Photo : Serge Jauvin.

Dans les communautés innues, les techniques de fabrication des outils traditionnels ne sont plus connues aujourd'hui que par quelques personnes, principalement des aînés.

Alexandre « Nikishan » Michel fabrique un harpon traditionnel pour la pêche au saumon. Tournage du film « La remontée ancestrale », d'André Vollant. Rivière Moisie, 1985.

Photo : Gilles H. Picard.

des gouvernements fédéral et provincial compléta le processus de sédentarisation des Inuits. Selon Bernard Saladin d'Anglure, le début des années 1960 peut être considéré comme marquant, pour les Inuits du Québec, la fin d'un mode de vie reposant sur la chasse, la pêche et la participation au commerce des fourrures[22].

La politique canadienne à l'égard des Autochtones

Sur le plan politique, la situation des Autochtones ne connaît guère de changements significatifs durant la première moitié du XXe siècle. En 1867, au moment de la Confédération canadienne, le gouvernement fédéral avait hérité de la juridiction exclusive sur les Indiens et les terres réservées à leur usage. Cette situation reste inchangée au XXe siècle, même si, après 1950, les provinces administrent elles-mêmes une série de services offerts aux Autochtones.

Pendant toute la première moitié du XXe siècle, la politique canadienne à l'égard des Autochtones demeure fondamentalement inchangée. L'assimilation apparaît toujours comme l'objectif le plus souhaitable. Les Amérindiens demeurent sous la tutelle de l'État, qui est le grand responsable de l'administration de leurs terres et qui détient toujours le pouvoir de déterminer qui est Indien et qui ne l'est pas. Les critères demeurent sensiblement les mêmes qu'au

À partir de la fin du XIXe siècle, les tentes en toile se sont progressivement substituées aux abris en écorce ou en peau.
Photo : Serge Jauvin, 1982.

XIXe siècle, les Amérindiennes qui épousent des Blancs perdant toujours leur statut. Cette disposition ne sera définitivement abolie qu'en 1985.

Au XXe siècle, la Loi sur les Indiens connaît trois refontes : la première en 1906, la seconde en 1927 et la troisième en 1951. Les deux premières refontes sont essentiellement des révisions des lois du XIXe siècle. Les principes généraux inscrits dans la loi ne connaissent pas de transformations significatives. La refonte de 1951 se fait toutefois dans un contexte différent. L'approche est plus conciliante et le paternalisme, toujours présent, baisse d'un cran. Cela se traduit notamment par la libéralisation de certaines dispositions de la loi et par une plus grande autonomie accordée aux conseils de bande.

Ces changements résultaient en partie des critiques que suscitait de plus en plus la politique canadienne à l'égard des Autochtones. Force était de constater que ceux-ci, loin d'être en voie de disparaître, connaissaient au contraire une croissance démographique importante. Pareil phénomène rendait de plus en plus illusoires les projets assimilateurs. Dans les années 1950 et 1960, la montée progressive des mouvements nationalistes autochtones favorisait aussi une prise de conscience des conditions économiques précaires dans lesquelles se trouvaient les Amérindiens et les Inuits du Canada.

Au XXe siècle, selon des rythmes qui varient d'une communauté à l'autre, l'écorce de bouleau a cédé la place à la toile dans la confection des canots.

Fabrication d'un canot en toile par des Innus de La Romaine (Unamen Shipi), 1982.

Photo : Serge Jauvin.

En 1964, le gouvernement canadien mit sur pied une commission d'enquête pour étudier « la situation sociale, éducative et économique des Indiens du Canada » et faire des recommandations à ce sujet. Dans leur rapport déposé en 1967, les commissaires nommés par le gouvernement recommandaient, pour remédier aux inégalités flagrantes dont étaient victimes les Autochtones, d'accélérer leur intégration à la société canadienne[23]. Leur bien-être, pensait-on, passait par la disparition de tout statut particulier et par l'abolition des structures administratives qui contribuaient à maintenir ces distinctions.

Pour améliorer la situation des Autochtones et faciliter leur intégration à l'ensemble de la société canadienne, les Commissaires recommandaient aussi une décentralisation des services offerts aux Indiens. Cette décentralisation devait éviter que les Autochtones ne soient traités comme une classe de citoyens à part. Pour les intégrer, il fallait les traiter comme des « citoyens ordinaires », donc mettre un terme à la responsabilité du gouvernement fédéral et transférer aux provinces le soin d'administrer les services sociaux, comme elles le faisaient déjà pour les autres habitants dans les limites de leur territoire.

L'attachement au mode de vie traditionnel

Une Amérindienne de Waswanipi prépare une peau de castor, 1953.
Archives nationales du Québec à Québec, série Office du film du Québec, n° 58463-53. Photo : Joseph Morin.

Témoignage de Lily Blacksmith

Wachiya ! Bonjour ! Je m'appelle Lily Blacksmith. J'ai 67 ans. Je suis Crie et j'ai été mariée à Jacob Blacksmith, qui est aujourd'hui décédé. [...] J'ai vécu en forêt toute mon enfance. L'été, les familles se rassemblaient sur une île du grand lac Waswanipi, où se trouvait le poste de traite de la Compagnie de la Baie d'Hudson. Le poste a fermé ses portes vers la fin des années 1960 et les Cris ont quitté la région du lac Waswanipi pour trouver du travail dans les villages environnants. Ma famille est déménagée à Miquelon pour un bout de temps. En 1978, nous sommes déménagés de nouveau, cette fois dans le nouveau village cri de Waswanipi, installé sur la rive de la rivière Waswanipi. Le mode de vie y était très différent du temps de ma jeunesse mais il faisait bon de tous vivre de nouveau ensemble dans une même communauté.

Mais moi, je préfère vivre en forêt et c'est ce que je fais depuis longtemps. C'est très précieux pour moi. C'est là que je puise la force de vivre. [...] Le matin, au réveil, j'allume le poêle à bois. Je regarde le soleil se lever, la rivière couler et j'entends le chant des oiseaux. C'est très calme. Je coupe mon bois et je vais chercher de l'eau à la rivière, ou de la neige, l'hiver.

Je ne pose pas beaucoup de pièges, seulement des collets à lièvres. Les peaux de lièvre sont très utiles. J'en mets à l'intérieur de mes mocassins et aussi à l'intérieur des mitaines des enfants, afin de garder leurs petites mains au chaud. Je couds beaucoup. Je fabrique des courtepointes et aussi des couvertures à la façon crie pour envelopper les bébés. Je tricote aussi des bas de laine et je fais des mitaines et des mocassins en peau d'orignal. ❖

SOURCE : « Wachiya ! Je m'appelle Lily Blacksmith », entrevue réalisée par Louise Blacksmith-Saganash, dans *Rencontre*, vol. 17, n° 2, hiver 1995-1996, p. 20.

Les recommandations de cette Commission eurent des échos directs dans le Livre blanc déposé en 1969 par le gouvernement canadien. Le gouvernement de Pierre E. Trudeau y exposait la politique qu'il entendait mettre en œuvre à l'égard des Amérindiens. Les changements proposés étaient radicaux. Le gouvernement n'envisageait pas une nouvelle refonte de la Loi sur les Indiens, mais son abolition pure et simple, qui devait être suivie, à court terme, par celle du ministère des Affaires indiennes. Les services administratifs assumés jusque-là par le gouvernement fédéral devaient être transférés aux provinces, qui traiteraient dorénavant les Autochtones sur le même pied que les autres citoyens[24].

Le « remède de cheval » proposé par le gouvernement canadien pour venir à bout du « problème indien » souleva un tollé de protestations chez les Autochtones de l'ensemble du Canada. Même si, d'une manière générale, les Autochtones décriaient les effets pervers de la Loi sur les Indiens, elle leur apparaissait encore comme une protection plus efficace que l'absence de loi. Cette loi reconnaissait formellement « leur statut distinctif à l'intérieur de la société canadienne[25] ». Les Amérindiens craignaient que la nouvelle politique n'entraîne, à court terme, leur disparition comme peuples[26].

Devant ces protestations, le gouvernement libéral dut renoncer rapidement à la politique annoncée dans son Livre blanc. La publication de ce document fut sans doute un événement déclencheur dans la montée des mouvements politiques autochtones au Canada. L'opposition quasi unanime à ce projet avait permis d'établir des liens plus solides entre les différentes nations autochtones à travers le Canada. Elle constitua jusqu'à un certain point le début d'une nouvelle ère dans l'histoire des Autochtones, une ère marquée par de nombreuses revendications qui traduisent la volonté des Autochtones de sortir de la tutelle mise en place au XIXe siècle. ◆

Conclusion

La quête de l'autonomie

La montée des nationalismes autochtones est certainement l'un des phénomènes marquants des dernières décennies du XXe siècle, tant au Québec que dans le reste du Canada. Les Autochtones se sont regroupés et ont donné naissance à de grandes associations, comme l'Assemblée des Premières Nations ou l'Inuit Tapirisat du Canada, grâce auxquelles ils se sont rapidement imposés comme des interlocuteurs politiques incontournables. Après avoir été dépossédés de leurs territoires à la suite de l'expansion coloniale, après avoir été confinés à des espaces restreints, après avoir été mis en tutelle, les Autochtones aspirent à retrouver leur autonomie, tant politique qu'économique.

Dans cette quête d'autonomie, les Amérindiens et les Inuits bénéficient d'un contexte international favorable. Depuis quelques années, le sort des peuples autochtones — ceux d'Amérique comme ceux des autres continents — suscite beaucoup d'intérêt un peu partout dans le monde. La décision récente de l'Organisation des Nations unies d'instaurer une « Décennie internationale des peuples autochtones » (1994-2004) témoigne clairement de la bienveillance des instances internationales à l'égard des Autochtones.

Les Autochtones ne veulent plus aujourd'hui être écartés de la gestion des territoires que leurs ancêtres furent longtemps les seuls à fréquenter.

Innus de Pessamit (Betsiamites), 1980.

Photo : Serge Jauvin.

Depuis quelques années, les Atikamekws sont très actifs dans le reboisement des forêts de la Haute-Mauricie, domaine dans lequel ils ont développé une solide expertise. Leur objectif n'est toutefois pas seulement de reboiser des terres pour le compte d'autrui. Ils veulent intervenir directement dans la gestion des ressources forestières de leur territoire traditionnel.

Photo : Gilles Chaumel, SAA, 1990.

De la baie James à Oka

Pour les Autochtones du Québec, l'opinion publique internationale est ainsi devenue une alliée importante dans leurs négociations avec les gouvernements canadien et québécois. Les jugements récents des tribunaux canadiens, qui tendent de plus en plus à reconnaître les droits spécifiques des Autochtones, exercent aussi une pression en faveur de la négociation. Une des décisions les plus importantes à cet égard fut celle rendue par la Cour suprême du Canada, en 1973, dans l'affaire Calder. Dans cette cause, qui opposait les Nishgas de la Colombie-Britannique au gouvernement de cette province, les juges de la Cour suprême ont conclu à l'existence d'un titre ancestral sur les terres de ces Amérindiens.

Même si les juges de la Cour suprême étaient divisés au sujet de ce titre ancestral — certains considéraient qu'il était éteint, d'autres non —, leur jugement constituait une importante victoire morale pour les Autochtones. Il allait en effet à l'encontre de la position officielle du gouvernement canadien qui avait affirmé, à la toute fin des années 1960, ne pas avoir l'intention de reconnaître les droits ancestraux des Autochtones.

En 1973, la politique canadienne de non-reconnaissance des droits ancestraux connut un autre revers, au Québec cette fois. Le 15 novembre 1973, dans le cadre des oppositions au projet de développement hydro-électrique de la baie James, le juge Malouf, de la Cour supérieure du Québec, accordait aux Cris l'injonction qu'ils demandaient pour faire stopper les travaux entrepris par Hydro-Québec. Même si elle fut rapidement renversée, cette décision représentait une autre grande victoire morale.

La situation juridique des Inuits est différente de celle des Amérindiens, car ils ne sont pas soumis à la loi fédérale sur les Indiens. Ils ne vivent pas dans des réserves, mais plutôt dans des « villages nordiques », dont le statut s'apparente étroitement à celui d'une municipalité.

Le village d'Umiujaq, 1986. Photo : SAA.

Le jugement Malouf laissait planer un doute quant à la reconnaissance éventuelle, par les tribunaux, des droits ancestraux des Cris sur leurs terres. Il joua un rôle important dans la décision des gouvernements canadien et québécois de s'asseoir à la table des négociations avec les Cris. Le processus aboutit, en 1975, à la signature de la Convention de la Baie-James et du Nord québécois conclue entre les Cris et les Inuits, d'une part, et les gouvernements canadien et québécois, d'autre part. Elle fut suivie, en 1978, par la Convention du Nord-Est québécois, signée avec les Naskapis.

En 1982, le gouvernement canadien reconnaissait formellement l'existence de droits ancestraux sur le territoire du Canada, en inscrivant des clauses à ce sujet dans la nouvelle Constitution canadienne. Dans les contestations juridiques, cette reconnaissance constitutionnelle représente un atout important pour les Autochtones. Elle tarde toutefois à se traduire par des résultats concrets aux tables

Au début des années 1990, 90 % des couples autochtones avaient des enfants, comparativement à 66 % chez les autres habitants du Québec. Le nombre d'enfants était aussi deux fois plus élevé dans les familles des Autochtones que dans celles des non-Autochtones.

Jeunes Innus de Maliotenam.

Photo : Gilles H. Picard.

Dans certaines communautés nordiques, le trappage des animaux à fourrure fournit encore des revenus d'appoint intéressants.

Trappage du castor par un Innu d'Unamen Shipi (La Romaine), 1981.

Photo : Serge Jauvin.

de négociation. Depuis la fin des années 1970, les négociations territoriales entamées avec certaines nations autochtones du Québec, notamment les Atikamekws et les Innus, piétinent. L'extrême lenteur qui caractérise ces pourparlers crée évidemment beaucoup d'insatisfaction.

La « crise d'Oka », où un groupe de Warriors armés a tenu en haleine pendant plusieurs semaines les forces policières du Québec et l'armée canadienne, montre que la situation possède son potentiel de violence. Le recours aux armes et à la violence n'est toutefois pas le genre de solution préconisé par la grande majorité des Autochtones qui privilégient les moyens pacifiques pour faire avancer leur cause et améliorer leurs conditions d'existence.

Des conditions socioéconomiques précaires

En 1991, dans la foulée des événements de l'été 1990, le gouvernement canadien a mis sur pied une Commission royale sur les peuples autochtones. Dans son volumineux rapport déposé cinq ans plus tard, cette Commission trace un portrait peu reluisant de la situation socioéconomique des Autochtones du Canada. Quelques siècles de colonialisme ont laissé des cicatrices profondes dans plusieurs collectivités.

Le chômage et la pauvreté forment le lot quotidien d'une majorité d'Autochtones à travers le pays. Dans les réserves indiennes, le taux de dépendance à l'égard de l'aide sociale dépassait ainsi 43 % en 1992 ; il se situait à moins de 10 % chez les non-Autochtones[1]. La pauvreté a évidemment des incidences directes dans de nombreux

Les conditions de vie des Autochtones se sont améliorées au cours des dernières années, mais il existe encore des écarts significatifs entre leur situation socioéconomique et celle des autres habitants du Québec.
Le village innu d'Unamen Shipi (La Romaine), 1982.
Photo : Serge Jauvin.

domaines. Les conditions de logement des Autochtones sont inférieures à celles des autres Canadiens. Le nombre de personnes par ménage y est plus élevé, tout comme le nombre d'unités qui abritent plusieurs familles[2]. L'état de santé des Autochtones est moins bon que celui des non-Autochtones. Leur espérance de vie est inférieure de sept à huit ans, ce qui s'explique en partie par un taux de mortalité infantile plus élevé (le double environ de la moyenne nationale)[3].

Il n'existe pas d'études comparatives au sujet de la situation socioéconomique des Autochtones de chacune des provinces canadiennes. Mais, mince consolation pour les principaux concernés, on s'entend généralement pour dire que ceux du Québec ne figurent pas parmi les plus démunis. Même si elle est moins attristante que dans d'autres provinces, la situation socioéconomique des Autochtones du Québec demeure malgré tout précaire.

Certes, des progrès ont été réalisés au cours des dernières années, mais c'est loin d'être suffisant pour combler l'écart qui sépare les Autochtones des non-Autochtones. Les chiffres disponibles témoignent ainsi d'un décalage important entre leur situation et celle des autres habitants du Québec. Au début des années 1990, le revenu moyen par famille autochtone correspondait à celui « des quartiers urbains et des municipalités les plus pauvres du Québec[4] ».

Comme la sédentarisation remonte à quelques décennies à peine, les méthodes de construction des iglous ne sont pas encore tombées dans l'oubli chez les Inuits. Elles sont encore connues des chasseurs, qui les enseignent aux jeunes comme technique de survie. Certaines communautés organisent chaque année des concours de construction d'iglous.

Povirnituk, 1981. Photo : Gilles H. Picard.

Ces moyennes statistiques dissimulent toutefois des écarts importants selon les régions. La situation économique des Autochtones du Québec n'est pas partout la même.

Elle est nettement meilleure au sud, où les chances des Autochtones de trouver un emploi sont plus grandes. Loin des grands centres urbains, la situation est plus difficile et le chômage atteint parfois des sommets inquiétants. Il a pour corollaire une extrême dépendance à l'égard des revenus qui proviennent des différents programmes d'assistance gouvernementale. Parmi les communautés nordiques, les Cris, les Inuits et les Naskapis, signataires de la Convention de la Baie-James et du Nord québécois ou de la Convention du Nord-Est québécois, sont en meilleure position, car ils ont pu bénéficier des indemnités versées en vertu de ces traités modernes pour stimuler leur économie.

Au Québec, comme dans l'ensemble du Canada, les conditions socioéconomiques difficiles dans lesquelles vivent les Autochtones ont des conséquences sociales dramatiques. Elles favorisent tant chez les adultes que chez les jeunes le désœuvrement, qu'accompagne un cortège de problèmes sociaux (abus d'alcool et de drogue, violence familiale, criminalité, suicides, etc.). Les Autochtones parlent de plus en plus ouvertement des problèmes qui affectent leurs communautés, convaincus qu'il s'agit là d'une étape dans la recherche active de solutions : « nous avons commencé à parler de nos problèmes entre nous », constatait en 1993 Harry Tulugak, maire du village de Povungnituk. « Nous avons décidé d'agir, d'y consacrer toute notre énergie. [...] Nous tenons régulièrement des " cercles de guérison ", et des jeunes apprennent l'entraide entre pairs, avec l'appui d'adultes[5]. »

En ce domaine, l'heure n'est plus aux solutions paternalistes, imposées de l'extérieur. Les remèdes aux maux du « monde moderne » qui affligent leurs communautés, les Autochtones les cherchent dans leurs propres traditions culturelles, en misant notamment sur les liens communautaires, autrefois très forts. Tous conviennent cependant que la solution à ces problèmes exigera aussi des remèdes plus globaux, qui permettront de sortir de la dépendance à l'égard des gouvernements et de retrouver l'autosuffisance et l'autonomie.

Afin de favoriser le ressourcement culturel chez les adolescents, certaines communautés autochtones ont mis sur pied des programmes pour leur permettre de prendre contact avec la vie traditionnelle.

Des jeunes Innus apprennent les techniques de chasse à l'orignal, au nord de Sept-Îles.

Photo : Gilles H. Picard

L'autonomie, un remède nécessaire

Le développement économique est l'une des conditions essentielles à l'amélioration des conditions de vie des Autochtones et il ne pourra se réaliser sans une assise territoriale viable. Les Autochtones ne veulent plus être écartés de la gestion des territoires que leurs ancêtres ont longtemps été les seuls à fréquenter et à exploiter. Ils ne veulent pas seulement bénéficier des revenus que génère l'exploitation des ressources naturelles, mais aussi participer à leur mise en valeur et à leur gestion.

Une certaine unanimité se dégage parmi les communautés amérindiennes et inuites sur la nécessité de favoriser le développement économique, même si les activités qui en découlent ne cadrent pas avec celles associées spontanément aux cultures autochtones. Sans exclure des activités à caractère plus traditionnel, comme le trappage

Certaines communautés amérindiennes organisent chaque année des festivals (pow wow), où les activités traditionnelles sont à l'honneur.

Danseur mohawk, 1995.

Photo : Heiko Wittenborn.

des animaux à fourrure, les Autochtones souhaitent d'une manière générale créer les conditions propices au développement d'une économie moderne et diversifiée, où les ressources du territoire seront mises à profit, dans un type de gestion qui s'accorde avec leurs conceptions environnementales.

L'autonomie économique devra inévitablement s'accompagner d'une autonomie politique. Jusqu'à tout récemment, les conseils de bande n'avaient que des pouvoirs très restreints. Au cours des dernières années, le gouvernement canadien a élargi les domaines de responsabilité de ces conseils, ce qui leur a permis d'intervenir de manière plus active dans le développement de leur communauté. Mais cet élargissement du rôle des conseils de bande, à qui le gouvernement accorde plus de fonds à gérer, ne correspond plus aux aspirations des Autochtones.

Les dernières années ont vu l'émergence de plusieurs artistes amérindiens et inuits (sculpteurs, peintres, chanteurs, etc.), qui rayonnent non seulement au Québec, mais aussi à l'étranger. Il s'agit d'une facette importante de l'affirmation culturelle autochtone.

Florent Vollant et Claude McKenzie, du groupe Kashtin.

Photo : Gilles H. Picard.

Paysage du territoire atikamekw. Manawan.
Photo : Claire Fontaine, MÉQ.

Les Autochtones d'aujourd'hui ne veulent plus d'une simple autonomie administrative. Ils aspirent à retrouver l'autonomie politique qui était la leur dans les premiers siècles du « contact » avec les Européens et à se libérer du carcan politique imposé par le gouvernement canadien au XIXe siècle. À l'aube d'un nouveau millénaire, l'autonomie gouvernementale représente certainement l'un des enjeux majeurs pour les Amérindiens et les Inuits. La logique d'alliance, qui a présidé aux premiers siècles de la rencontre, reste inscrite dans leur « mémoire politique ». Dans le cadre de leurs revendications pour obtenir l'autonomie gouvernementale, les Autochtones reviennent régulièrement sur le fait qu'ils n'ont jamais été conquis par les Européens, qu'ils étaient leurs alliés et non leurs sujets.

Quelle forme devrait prendre l'autonomie gouvernementale revendiquée par les Autochtones ? À cette question, il n'existe pas de réponse qui fasse unanimité, ni dans les différents paliers gouvernementaux ni chez les Amérindiens et les Inuits. Parmi les Autochtones, un consensus se dégage tout de même sur la nécessité de reconnaître que cette autonomie procède de droits ancestraux et qu'elle ne constitue pas une simple délégation de pouvoirs. Dans

La sédentarisation et la scolarisation obligatoire des enfants ont causé la perte de la plupart des connaissances rattachées à la vie traditionnelle. Aujourd'hui, les jeunes des communautés autochtones du Québec n'ont que des contacts épisodiques avec la vie en forêt.

Jeunes Cris de l'école d'Eastmain.

Photo : Claudette Fontaine, MÉQ.

son rapport déposé en 1996, la Commission royale sur les peuples autochtones recommandait de s'engager dans cette voie, la seule susceptible de jeter les bases d'une négociation fructueuse.

Au Québec, comme ailleurs au Canada, les Autochtones sont depuis quelques années à la croisée des chemins. L'ère du paternalisme est révolue, mais les fondements d'une nouvelle relation entre les Autochtones et les autres habitants du Québec restent à construire. La définition de ces nouvelles bases demandera, de part et d'autre, une grande ouverture d'esprit et des efforts d'imagination pour trouver des solutions qui répondent aux besoins et aux aspirations des Autochtones, tout en respectant les réalités du Québec moderne. Comme le constatait il y a quelques années le chef montagnais de Matimekosh, Réal McKenzie, beaucoup de choses ont changé au cours des dernières années et les Autochtones n'accepteront plus d'être oubliés : « Alors, il faudra composer avec le partage, le partage du territoire et du développement pour que les Autochtones en profitent au même titre que les Québécois. Nous n'avons pas le choix car [...] on est condamné à vivre ensemble[6]. » ◆

Les onze nations autochtones du Québec

ABÉNAQUIS — Waban-Aki

Le peuple du soleil levant

POPULATION
environ 1900

FAMILLE LINGUISTIQUE
algonquienne

AIRE CULTURELLE
Nord-Est

COMMUNAUTÉS
Odanak ; Wôlinak

LANGUES
le français (langue d'usage de la majorité) ;
l'abénaquis (parlé par quelques aînés)

Les Abénaquis vivent aujourd'hui dans un environnement semi-urbanisé. Leurs deux communautés sont constituées de maisons parfois anciennes, parfois plus récentes, le long des rivières Saint-François et Bécancour. Les Abénaquis pratiquent encore aujourd'hui des activités reliées à l'artisanat et à la couture. Ils possèdent une plantation de plus de 30 000 pins et une industrie de produits en fibre de verre qui se spécialise dans la fabrication de canots. Plusieurs Abénaquis travaillent dans les villes voisines de Bécancour, Sorel, Nicolet et Trois-Rivières.

Depuis les années 1960, les Abénaquis se sont dotés d'organismes culturels et économiques afin de préserver et faire connaître leur héritage. La Société historique d'Odanak et le Musée des Abénaquis d'Odanak se soucient notamment de conserver tout ce qui touche à l'histoire, à la culture et à la langue des Abénaquis.

En 1986, les Abénaquis ont formé le grand conseil de la nation Waban-Aki. Ils ont acquis une pourvoirie en Haute-Mauricie, où ils revendiquent des droits exclusifs de chasse et de pêche. En 1987, ils ont présenté une requête au gouvernement fédéral afin de reprendre possession des terres de la seigneurie de Bécancour. ◆

ALGONQUINS — Anishnabe

Là où les eaux se partagent

POPULATION
environ 8600

FAMILLE LINGUISTIQUE
algonquienne

AIRE CULTURELLE
Nord-Est et Subarctique

COMMUNAUTÉS
Kitiganic (Lac-Rapide) ; Kitigan Zibi (Maniwaki) ; Kitcisakik (Grand-Lac-Victoria) ; Hunter's Point ; Kebaowek ; Winneway ; Simo Sagigan (Lac-Simon) ; Timiskaming ; Pikogan

LANGUES
l'algonquin (langue d'usage de la majorité) ;
le français et l'anglais (langues secondes selon les communautés)

Traditionnellement, le territoire des Algonquins se confondait en partie avec le bassin de la rivière des Outaouais, de part et d'autre de la frontière du Québec et de l'Ontario. Ce territoire s'étend aujourd'hui jusqu'aux limites nord de l'Abitibi.

Beaucoup d'Algonquins s'adonnent encore à leurs activités traditionnelles de chasse et de pêche, bien que pour la plupart il ne s'agisse plus d'activités de subsistance. Ils sont actifs dans les secteurs du reboisement des forêts, du piégeage des animaux et de l'artisanat. Certaines familles algonquines, principalement celles de Kitcisakik, vivent encore selon le mode de vie nomade de leurs ancêtres. Elles partent sur leurs territoires de chasse pendant tout l'hiver et se rassemblent dans la réserve en été.

Le Conseil de la nation algonquine Amiskinakeg représente la majorité des communautés algonquines. La Société Matciteweia coordonne des projets de mise en valeur du patrimoine ethnologique et archéologique des Algonquins. ❖

ATIKAMEKWS

Peuple de l'écorce

POPULATION
environ 4900

FAMILLE LINGUISTIQUE
algonquienne

AIRE CULTURELLE
Subarctique

COMMUNAUTÉS
Manawan ; Weymontachie ; Obedjiwan

LANGUES
l'atikamekw (langue d'usage de la majorité) ;
le français (langue seconde)

Le territoire des Atikamekws se trouve en Haute-Mauricie, dans la partie nord du bassin de la rivière Saint-Maurice. Leurs villages sont accessibles par des chemins forestiers ou par chemin de fer. Ils sont représentés sur le plan politique par le Conseil de la nation atikamekw, qui négocie les revendications territoriales avec les gouvernements du Québec et du Canada. Jusqu'en 1994, les Atikamekws étaient associés aux Innus dans ce processus de négociation. En décembre 1994, le gouvernement du Québec a présenté aux Atikamekws et aux Innus une offre globale de règlement. Les négociations se poursuivent sur la base de cette offre globale.

Les Atikamekws gèrent leurs programmes dans les domaines de l'éducation, de la santé, des services sociaux et du développement économique. Le service forestier de la nation, Atikamekw Aski, est très actif dans le secteur du reboisement et de la sylviculture.

Sur le plan culturel, les Atikamekws intensifient l'enseignement de leur langue et font revivre la spiritualité et les valeurs de leur nation. Pour les jeunes, des semaines culturelles sont organisées dans les bois, afin de leur faire vivre les activités traditionnelles de chasse et de piégeage. ◈

CRIS — Ndooheenoo

Au pays des grandes rivières

POPULATION
environ 13 000

FAMILLE LINGUISTIQUE
algonquienne

AIRE CULTURELLE
Subarctique

COMMUNAUTÉS
Waskaganish ; Eastmain ; Wemindji ; Chisasibi ; Whapmagoostui ; Nemiscau ; Waswanipi ; Mistissini ; Oujé-Bougoumou

LANGUES
le cri (langue d'usage de la majorité) ;
l'anglais (langue seconde de la majorité) et le français

Les Cris du Québec occupent le territoire situé sur le côté est de la baie James et de la baie d'Hudson. En 1974, dans le cadre de l'opposition aux grands projets hydro-électriques du gouvernement du Québec, les Cris forment le Grand Conseil des Cris du Québec. L'année suivante, la Convention de la Baie-James et du Nord québécois est signée par des représentants des Cris, des Inuits et des gouvernements québécois et canadien.

La Convention accorde aux Cris des indemnités de 135 millions de dollars et des droits particuliers sur de vastes territoires. Ils obtiennent la propriété ou l'usage exclusif d'un territoire de 13 692 km^2 et des droits exclusifs de pêche et de chasse sur 151 580 km^2.

Les Cris vivent aujourd'hui dans des communautés modernes. Leur nation a connu un essor économique important à la suite de la signature de la Convention. Au début des années 1990, le Grand Conseil des Cris s'est toutefois opposé fermement à la réalisation de la deuxième phase des travaux de la baie James, pourtant prévue dans la Convention. En 1994, le gouvernement du Québec annonçait qu'il laissait tomber le projet pour le moment. ◆

HURONS-WENDATS

Le peuple du commerce

POPULATION
environ 2800

FAMILLE LINGUISTIQUE
iroquoienne

AIRE CULTURELLE
Nord-Est

COMMUNAUTÉS
Wendake

LANGUE
le français

Les ancêtres des Hurons-Wendats se sont installés près de Québec au milieu du XVIIe siècle. Le territoire traditionnel des Hurons-Wendats se trouvait au sud-est de la baie Georgienne, dans le sud de l'Ontario. Les Hurons-Wendats vivent aujourd'hui dans un environnement urbain situé au nord de la ville de Québec. Leur communauté est prospère. Elle compte une soixantaine d'entreprises, qui fabriquent des articles d'artisanat d'inspiration traditionnelle (mocassins, raquettes, canots, etc.) et des produits artistiques ou industriels très contemporains.

Les Hurons-Wendats sont aussi très actifs sur le plan culturel. Ils possèdent une institution, la Maison Arouanne, qui se veut à la fois musée et lieu de mise en valeur de la culture huronne-wendat. Wendake reçoit chaque semaine plusieurs centaines de touristes canadiens et étrangers.

En 1995, les Hurons-Wendats ont signé avec le gouvernement du Québec une entente permettant la chasse à l'orignal sur un territoire réservé exclusivement aux membres de la nation pendant une période spécifique. Ils négocient depuis quelques années avec les gouvernements du Québec et du Canada pour définir les cadres d'application du « traité Murray », datant de 1760, qui fut reconnu par la Cour suprême du Canada en 1990. ◆

INUITS

Le peuple du Grand Nord

POPULATION
près de 8000

FAMILLE LINGUISTIQUE
eskaléoute

AIRE CULTURELLE
Arctique

COMMUNAUTÉS
Kuujjuarapik ; Umiujaq ; Inukjuak ; Puvirnituq ; Akulivik ; Ivujivik ; Salluit ; Kangiqsujuaq ; Quaqtaq ; Kangirsuk ; Aupaluk ; Tasiujaq ; Kuujjuaq ; Kangiqsualujjuaq

LANGUES
l'inuktitut (langue d'usage de la majorité) ; l'anglais (langue seconde la majorité) et le français

Les Inuits forment un peuple différent des Amérindiens du Québec. Par leur histoire et leurs traditions, ils sont plutôt apparentés aux peuples autochtones qui habitent les territoires circumpolaires au nord du globe.

En 1975, les Inuits ont signé la Convention de la Baie-James et du Nord québécois. Plusieurs institutions dirigées par les Inuits sont nées de cette entente, dont l'Administration régionale Kativik, qui coordonne la gestion de toutes les municipalités nordiques, et la Société Makivik, qui administre les indemnités monétaires prévues par la Convention. L'implantation du mouvement coopératif a permis aux Inuits de contrôler une grande partie des activités commerciales sur leur territoire. Ce mouvement a notamment aidé à la diffusion internationale des œuvres des artistes et artisans inuits.

En 1989, les Inuits ont créé le Comité constitutionnel du Nunavik, qui a pour mandat de définir les structures d'un gouvernement régional. Des négociations sont en cours avec le gouvernement du Québec à ce sujet. Sur le plan international, les huit pays du cercle polaire sont actuellement en voie de s'associer afin de créer un Conseil de l'Arctique qui s'intéresserait à tous les aspects de la vie sociale et économique dans cette partie du monde. ◆

MALÉCITES — Welustuk

Les gardiens du grand portage

POPULATION
environ 570

FAMILLE LINGUISTIQUE
algonquienne

AIRE CULTURELLE
Nord-Est

COMMUNAUTÉS
deux territoires non habités à Cacouna et dans le canton de Whitworth près de Rivière-du-Loup sur la rive sud du fleuve Saint-Laurent

LANGUE
le français

Au Québec, les membres de la communauté malécite sont connus sous le vocable de « Première nation malécite de Viger ». Leurs ancêtres se sont établis au Québec au XIXe siècle. Leur territoire ancestral se trouve au Nouveau-Brunswick, le long du bassin de la rivière Saint-Jean.

Avant 1950, les Malécites du Québec se retrouvent surtout dans le Bas-Saint-Laurent. Ils se mélangent si bien à la population francophone qu'on n'entend plus parler d'eux pendant longtemps. En 1975, seulement une centaine d'individus sont considérés comme membres de la nation malécite de Viger et personne n'occupe le territoire des réserves.

La loi C-31, adoptée en 1985 par le Parlement canadien, permet à de nombreux Malécites de recouvrer leur statut d'Indiens inscrits. En 1987, les Malécites forment un conseil de bande selon les dispositions de la Loi sur les Indiens et demandent une reconnaissance officielle par le gouvernement du Québec. En 1989, l'Assemblée nationale du Québec reconnaît la Première nation malécite de Viger comme la onzième nation autochtone du Québec. Aujourd'hui, les Malécites sont dispersés un peu partout au Québec. ◈

MICMACS — Mig'maq

Le peuple de la mer

POPULATION
environ 4300

FAMILLE LINGUISTIQUE
algonquienne

AIRE CULTURELLE
Nord-Est

COMMUNAUTÉS
Listuguj (Restigouche) ; Gesgapegiag (Maria) ; Gespeg (Gaspé)

LANGUES
le micmac (parlé par plusieurs personnes à Listuguj et Gesgapegiag) ; l'anglais (langue seconde dans ces deux communautés) ; le français (chez les Micmacs de Gespeg)

Le territoire ancestral des Micmacs couvrait la Gaspésie et les provinces maritimes du Canada. Aujourd'hui, plusieurs Micmacs du Québec travaillent dans l'industrie forestière ou dans le secteur de la construction. Le tourisme, l'artisanat et les services reliés à la pêche et à la chasse sportives fournissent aussi de l'emploi aux Micmacs de la péninsule gaspésienne.

Au cours des vingt dernières années, les Micmacs ont eu de nombreuses mésententes avec les non-Autochtones en ce qui concerne la gestion des ressources naturelles, en particulier des rivières à saumon. À partir de 1982, la communauté de Listuguj a signé plusieurs ententes avec les gouvernements du Québec et du Canada concernant la pêche au saumon. En 1985, la communauté de Gesgapegiag a formé la Société de gestion de la rivière Cascapédia, gérée par des Micmacs et des non-Autochtones.

Depuis quelques années, les Micmacs se sont dotés de nombreux services communautaires et d'infrastructures qui leur permettent de revaloriser la culture et la langue micmaques. À Listuguj, on retrouve un Centre d'interprétation de la culture micmaque et on a reconstitué un village traditionnel micmac.

MOHAWKS — Kanien'kahaka

De liberté et d'indépendance

POPULATION
plus de 13 000

FAMILLE LINGUISTIQUE
iroquoienne

COMMUNAUTÉS
Kahnawake ; Kanesatake ; Akwesasne

LANGUES
l'anglais (langue d'usage de la majorité) ;
le mohawk (parlé par plusieurs)

Originaires de l'État de New York, les Mohawks du Québec se sont installés près de Montréal au XVIIe siècle. Ils vivent aujourd'hui dans un environnement urbain et semi-urbain situé dans la région de Montréal. Sur le plan politique, les Mohawks aspirent à l'autonomie dans la gestion des affaires de leur nation. En 1991, ils ont signé une entente cadre avec le gouvernement fédéral pour obtenir une plus grande autonomie que celle prévue par la Loi sur les Indiens.

Sur le plan économique, les Mohawks revendiquent auprès des gouvernements américain et canadien le respect du traité de Jay, signé en 1794 par la Grande-Bretagne et les États-Unis. Ce traité stipulait que les Autochtones conservaient le droit de circuler librement de chaque côté de la frontière américaine sans avoir à payer de taxes sur les biens personnels qu'ils transportaient. Le gouvernement canadien ne reconnaît pas la validité de ce traité qu'il n'a pas signé.

L'histoire récente des Mohawks a été marquée par la « crise d'Oka » de l'été 1990. Un projet controversé de développement sur des terres municipales revendiquées par les Mohawks dégénéra en conflit armé. Aujourd'hui, la plupart de ces terres font partie du territoire communautaire de Kanesatake mais des négociations se poursuivent sur cette question. ◆

MONTAGNAIS — Innus

L'immensité d'un territoire

POPULATION
environ 13 800

FAMILLE LINGUISTIQUE
algonquienne

AIRE CULTURELLE
Subarctique

COMMUNAUTÉS
Essipit ; Betsiamites ; Uashat-Maliotenam ; Mingan ; Nutukuan (Natashquan) ; Unamen Shipi (La Romaine) ; Pakuashipi ; Mashteuiatsh ; Matimekosh

LANGUES
le montagnais (langue d'usage de la majorité de la population) ; le français (langue d'usage dans certaines communautés du sud et langue seconde dans les autres)

Avant la colonisation, les Innus occupaient un immense territoire longeant le fleuve Saint-Laurent et le Saguenay et englobant toutes les terres jusqu'à la hauteur de Schefferville. Les Innus de certaines communautés, sédentarisés depuis quelques décennies seulement, parcourent encore cette vaste région pour y pratiquer leurs activités traditionnelles.

De 1975 à 1994, les Innus étaient représentés, dans leurs négociations avec les gouvernements canadien et québécois, par le Conseil des Atikamekws et des Innus. Depuis, Atikamekws et Innus négocient séparément. Deux organismes représentent les Innus : Mamit Innuat et Mamuitun.

Aujourd'hui, les Innus sont impliqués dans la gestion des ressources naturelles, notamment des rivières à saumon de leur territoire. Ils sont aussi très actifs dans le développement touristique de leur région et dans le domaine culturel. L'Institut culturel et éducatif innu travaille depuis 1978 à promouvoir la culture et les arts. Le Musée amérindien de Mashteuiatsh (Pointe-Bleue), au Lac-Saint-Jean, est un des plus importants musées autochtones au Québec. ◈

NASKAPIS

Au cœur du pays des caribous

POPULATION
environ 570

FAMILLE LINGUISTIQUE
algonquienne

AIRE CULTURELLE
Subarctique

COMMUNAUTÉS
Kawawachikamach

LANGUES
le naskapi (langue d'usage) ; l'anglais (langue seconde)

Le terme Naskapi s'applique aujourd'hui à un petit groupe d'Amérindiens établis près de Matimekosh, communauté innue installée à la frontière du Québec et du Labrador. Leur installation à cet endroit remonte au milieu des années 1950.

En 1978, les Naskapis ont signé la Convention du Nord-Est québécois qui leur accorde une compensation financière de 9 millions de dollars et une grande autonomie administrative. Cette entente leur concède en pleine propriété un territoire de 285 km^2. Ils disposent aussi pour leur usage exclusif d'un territoire de chasse, de pêche et de piégeage s'étendant sur 4144 km^2.

En 1984, les Naskapis ont inauguré leur village de Kawawachikamach. Celui-ci est formé de maisons modernes et d'édifices communautaires (écoles primaire et secondaire, dispensaire et centre commercial). Depuis quelques années, les Naskapis développent le tourisme d'aventure sur leur territoire. Ils possèdent le Club de chasse et de pêche Tuktu et deux entreprises qui y sont affiliées. ◆

Annexes

Notes

Introduction

1. Serge Bouchard, Sylvie Vincent et Josée Mailhot, *Peuples autochtones de l'Amérique du Nord : de la réduction à la coexistence*, Sainte-Foy, Télé-Université, 1989, p. 367 ; Gouvernement du Québec, Secrétariat aux Affaires autochtones, *Les Amérindiens et les Inuit du Québec. Onze nations contemporaines*, Québec, Gouvernement du Québec, 1997, p. 8.
2. Dans ce texte, nous examinons l'histoire des Autochtones qui vivent dans les limites actuelles du Québec, sans tenir compte des nombreux changements survenus — en 1763, 1774, 1791, 1840, 1867, 1898 et 1912 — dans la délimitation des frontières de cette province.

Chapitre 1

1. Les Abénaquis, en provenance de la Nouvelle-Angleterre, forment une exception, car ils sont agriculteurs. Ils n'arrivent toutefois dans la vallée du Saint-Laurent que dans la seconde moitié du XVIIe siècle.
2. Chrestien Leclercq, *Nouvelle Relation de la Gaspesie*, édition critique par Réal Ouellet, Montréal, Les Presses de l'Université de Montréal, 1999, p. 292-293 ; nous avons modernisé la graphie.
3. Les développements qui suivent sur les Inuits du Québec doivent beaucoup à l'article de Bernard Saladin d'Anglure, « Inuit of Quebec », dans William C. Sturtevant, dir., *Handbook of North American Indians*, vol. 5 : *Arctic*, Washington, Smithsonian Institution, 1984, p. 476-507.

Chapitre 2

1. Nicolas Denys, *Description geographique et historique des costes de l'Amerique septentrionale. Avec l'Histoire naturelle du Païs*, Paris, Claude Barbin, 1672, t. II, p. 463.
2. Reuben G. Thwaites, dir., *The Jesuit Relations and Allied Documents. Travels and Explorations of the Jesuit Missionaries in New France, 1610-1791*, Cleveland, Burrougs, 1896-1901, vol. 3, p. 104.
3. Bruce G. Trigger, *Les enfants d'Aataentsic. L'histoire du peuple huron*, Montréal, Libre Expression, 1991, p. 568.
4. Thwaites, dir., *The Jesuit Relations*, vol. 25, p. 108.
5. Voir les études suivantes : Roland Viau, *Enfants du néant et mangeurs d'âmes : guerre, culture et société en Iroquoisie ancienne*, Montréal, Boréal, 1997 ; Daniel K. Richter, « War and Culture : The Iroquois Experience », *William and Mary Quarterly*, juillet 1983, vol. 40, n° 4, p. 528-559 ; Claude Gélinas, « La nature des attaques iroquoises contre Ville-Marie (1642-1667) », *Recherches amérindiennes au Québec*, vol. 24, n°s 1-2, 1994, p. 120-121.
6. Voir, à ce sujet, l'étude de Gilles Havard, *La Grande Paix de Montréal, 1701*, Montréal, Recherches amérindiennes au Québec, 1992.
7. Une petite communauté algonquine reste toutefois dans la région de Trois-Rivières.
8. Pierre Boucher, *Histoire véritable et naturelle des mœurs et productions du pays de la Nouvelle-France vulgairement dite le Canada*, Paris, Florentin Lambert, 1664, p. 16-17.
9. Les Algonquins et les Népissingues, qui s'installent à la mission du Lac-des-Deux-Montagnes (Kanesatake) au début du XVIIIe siècle, entrent dans cette même catégorie. Les Iroquois, les Algonquins et les Népissingues vivaient à proximité, mais séparés les uns des autres, de sorte qu'on parle souvent des trois villages ou des trois nations du Lac-des-Deux-Montagnes.
10. Sur les Sept-Nations, voir J.-P. Sawaya, *La fédération des Sept Feux de la vallée du Saint-Laurent, XVIIe-XIXe siècle*, Sillery, Septentrion, 1998 ; A. Beaulieu et J.-P. Sawaya, « L'importance stratégique des Sept-Nations du Canada (1650-1860) », *Bulletin d'histoire politique*, vol. 8, n° 2-3, hiver-printemps 2000, p. 87-107.
11. Pehr Kalm, *Voyage de Pehr Kalm au Canada en 1749*, Montréal, Pierre Tisseyre, 1977, p. 266 ; Louis Franquet, *Voyages et Mémoires sur le Canada*, Montréal, Éditions Élysée, 1974, p. 107.

12. Bougainville, « Le Journal de M. de Bougainville », dans le *Rapport de l'Archiviste de la Province de Québec pour 1923-1924*, p. 272.

13. Louis Franquet, *Voyages et Mémoires sur le Canada*, p. 45-46, 174.

14. *Ibid*, p. 38.

15. Sur ce projet de francisation, voir : George F. C. Stanley, « The Policy of Francisation as applied to the Indians during the Ancien Regime », *Revue d'histoire de l'Amérique française*, vol. 3, n o 3, décembre 1949, p. 333-348 ; Cornelius J. Jaenen, *Friend and Foe. Aspects of French-Amerindian Cultural Contact in the Sixteenth and Seventeenth Centuries*, New York, Columbia University Press, 1976.

16. Sur ces tentatives des jésuites, voir Alain Beaulieu, *Convertir les fils de Caïn. Jésuites et Amérindiens nomades en Nouvelle-France, 1632-1642*, Québec, Nuit Blanche Éditeur, 1990.

17. Charlevoix, *Histoire et description generale de la Nouvelle France, Avec le Journal historique d'un Voyage fait par ordre du Roi dans l'Amerique Septentrionale*, Paris, Nyon Fils, 1744, t. I, p. 98.

18. Franquet, *Voyages et Mémoires sur le Canada*, p. 45-47.

19. *Ibid.*, p. 37, 107-108.

20. Thwaites, dir., *The Jesuit Relations*, vol. 69, p. 94-100.

21. *Ibid.*, p. 106.

22. *Ibid.*, p. 110-112.

23. Voir l'étude de Daniel Francis et Toby Morantz, *La traite des fourrures dans l'est de la Baie James, 1600-1870*, Sillery, Les Presses de l'Université du Québec, 1984.

24. France, Archives des colonies, série C11A, vol. 99, f o 391v°.

25. Bougainville, « Mémoire sur l'état de la Nouvelle-France (1757) », dans le *Rapport de l'Archiviste de la Province de Québec pour 1923-1924*, p. 49.

26. Voir, par exemple, James Sullivan (dir.) et coll., *The Papers of Sir William Johnson*, Albany, The University of the State of New York, 1921-1965, vol. 3, p. 272-273 ; vol. 7, p. 109-110 ; vol. 11, p. 353-354, 872-873 ; vol. 13, p. 163-166. Voir aussi : E. B. O'callaghan, dir., *Documents Relative to the Colonial History of the State of New York*, Albany, Weed, Parsons and Co., 1856-1887, vol. 8, p. 237-238.

Chapitre 3

1. Sur la nouvelle orientation de la politique autochtone des Britanniques après la guerre de 1812-1814, voir : John L. Tobias, « Protection, Civilization, Assimilation : An Outline History of Canada's Indian Policy », dans James R. Miller, dir., *Sweet Promises : A Reader on Indian-White Relations in Canada*, Toronto, University of Toronto Press, 1991, p. 127-144.

2. Voir l'article de J. Frenette et G. L. Fortin, « L'acte de 1851 et la création de nouvelles réserves indiennes au Bas-Canada en 1853 », *Recherches amérindiennes au Québec*, vol. 19, n o 1, 1989, p. 31-37.

3. On trouvera une présentation de ces lois dans l'étude de Rémi Savard et Jean-René Proulx, *Canada, derrière l'épopée, les autochtones*. Montréal, L'Hexagone, 1982.

4. *Acte pour mieux protéger les terres et les propriétés des Sauvages dans le Bas-Canada*, 13-14 Victoria, chapitre 42.

5. *Acte pour abroger en partie et amender un Acte intitulé : Acte pour mieux protéger les terres et les propriétés des Sauvages dans le Bas-Canada*, 14-15 Victoria, chapitre 59.

6. Cité dans R. Savard et J.-R. Proulx, *Canada, derrière l'épopée, les autochtones*, p. 133.

7. Voir Archives nationales du Canada, série RG10, bobine C-13383, volume 607, p. 51 856-51 858 et bobine C-11541, volume 232, partie 2, p. 138 331.

8. John S. Milloy, « The Early Indian Acts : Developmental Strategy and Constitutional Change », dans James R. Miller, dir., *Sweet Promises : A Reader on Indian-White Relations in Canada*, Toronto, University of Toronto Press, 1991, p. 149.

9. Wayne Daugherty et Dennis Madill, *L'administration indienne en vertu de la législation relative aux Indiens, 1868-1951*, Ottawa, ministère des Affaires indiennes et du Nord, 1980, p. 7-8.

10. Hélène Bédard, *Les Montagnais et la réserve de Betsiamites, 1850-1900*, Québec, Institut québécois de recherche sur la culture, Collection Edmond-de-Nevers, n° 7, 1988, p. 67.

11. Thomas-M. Charland, *Histoire des Abénakis d'Odanak*, Montréal, Éditions du Lévrier, 1964, p. 336.

12. Léon Gérin, « Le Huron de Lorette », *Science Sociale*, t. 32, 1901, p. 349.

13. Bernard Saladin d'Anglure, « Inuit of Quebec », dans William C. Sturtevant, dir., *Handbook of North American Indians*, vol. 5 : *Arctic*, p. 500.

14. *Ibid.*, p. 501.

15. Denys Delâge et Sylvie Vincent, *Les sociétés autochtones* — HIS-5036-2, *Guide d'apprentissage individualisé*, Québec, ministère de l'Éducation, Direction de la formation des adultes, mars 1997, p. 265.

16. R. Dominique, *Le langage de la chasse. Récit autobiographique de Michel Grégoire, Montagnais de Natashquan*, Montréal, Presses de l'Université du Québec, 1989, p. 186.

17. « Charles Coocoo : l'homme qui marche au-dessus des arbres », texte de Gilles Chaumel, dans *Rencontre*, vol. 14, n° 3, printemps 1993, p. 10.

18. « Les quatre saisons de Julienne », entrevue réalisée par Gilles Chaumel et Germaine Mesténapéo, dans *Rencontre*, vol. 17, n° 2, hiver 1995-1996, p. 4.

19. Nouvelles oblates, 1958 ; cité dans A.-M. Panasuk, et J.-R. Proulx, *La résistance des Montagnais à l'usurpation des rivières à saumon par les Euro-canadiens, du XVIIe au XXe siècle*, mémoire de maîtrise, Département d'anthropologie, Université de Montréal, 1981, p. 218.

20. C. Beaudet, « Mes mocassins, ton canot, nos raquettes. La division sexuelle du travail et la transmission des connaissances chez les Montagnais de La Romaine », *Recherches amérindiennes au Québec*, vol. 14, n° 3, 1984, p. 42.

21. Keith Crowe, *Histoire des autochtones du Nord canadien*, Montréal, Hurtubise HMH, 1974, p. 211.

22. Bernard Saladin d'Anglure, « Inuit of Quebec », dans William C. Sturtevant, dir., *Handbook of North American Indians*, vol. 5 : Arctic, p. 506.

23. R. Savard et J.-R. Proulx, *Canada, derrière l'épopée, les autochtones*, p. 176.

24. *Ibid.*, p. 177.

25. Danielle Thibault et Claude Marcil, *Le printemps indien*, Montréal, Québec/Amérique, 1985, p. 157.

26. *Ibid.*, p. 159.

Conclusion

1. Canada, *Commission royale sur les peuples autochtones*, *Rapport de la Commission royale sur les peuples autochtones*, Ottawa, ministère des Approvisionnements et Services Canada, 1996, vol. 2, p. 901.

2. *Ibid.*, vol. 2, p. 414-420.

3. *Ibid.*, vol. 3, p. 120.

4. Louise Séguin et Gilles Chaumel, « Quelles familles ! », *Rencontre*, automne 1994, p. 5.

5. Harry Tulugak, « Briser le silence », propos recueillis par Louise Séguin, dans *Rencontre*, vol. 14, n° 2, hiver 1992-1993, p. 17.

6. « Parlons de partage », entrevue réalisée par Gilles Chaumel avec le chef montagnais de Matimekosh, Réal McKenzie, *Rencontre*, vol. 14, n° 4, été 1993, p. 8.

Pour en savoir plus

Ouvrages généraux

BOUCHARD, Serge, Sylvie VINCENT et Josée MAILHOT, *Peuples autochtones de l'Amérique du Nord : de la réduction à la coexistence*, Sainte-Foy, Télé-Université, 1989.

CROWE, Keith, *Histoire des autochtones du Nord canadien*, Montréal, Hurtubise HMH, 1974.

DICKASON, Olive Patricia, *Les Premières Nations du Canada. Depuis les temps les plus lointains jusqu'à nos jours*, Sillery, Septentrion, 1996.

MILLER, James R., *Skyscrapers Hide the Heavens : A History of Indian-White Relations in Canada*, Toronto, University of Toronto Press, 1991.

RAY, Arthur J., *I Have Lived Here Since the World Began : An Illustrated History of Canada's Native People*, Toronto, Lester Publishing, 1996.

Une histoire et des cultures millénaires

CHAPDELAINE, Claude, *Le site Mandeville à Tracy. Variabilité culturelle des Iroquoiens du Saint-Laurent*, Montréal, Recherches amérindiennes au Québec, 1989.

CLERMONT, Norman, *Ma femme, ma hache et mon couteau croche : deux siècles d'histoire à Weymontachie*, Québec, ministère des Affaires culturelles, 1977.

COUTURE, Yvon H., *Les Algonquins*, Val-d'Or, Éditions Hyperborée, 1983.

GERMAIN, Georges-Hébert, *Inuit : les peuples du froid*, sous la direction scientifique de David Morrison, Montréal, Libre Expression et Musée canadien des civilisations, 1995.

MARTIJN, Charles A., dir., *Les Micmacs et la mer*, Montréal, Recherches amérindiennes au Québec, 1986.

SIOUI, Georges E., *Les Wendats. Une civilisation méconnue*, Québec, Presses de l'Université Laval, 1994.

STURTEVANT, William C., dir., *Handbook of North American Indians*, vol. 4 : *History of Indian-White Relations* ; vol. 5 : *Arctic* ; vol. 6 : *Subarctic* ; vol. 15 : *Northeast*, Washington, Smithsonian Institution, 1976-1988.

Au temps des alliances (1600-1815)

DELÂGE, Denys, *Le pays renversé. Amérindiens et Européens en Amérique du Nord-Est, 1600-1664*, Montréal, Boréal Express, 1985.

DICKASON, Olive Patricia, *Le mythe du Sauvage*, Sillery, Septentrion, 1993.

FRANCIS, Daniel et Toby MORANTZ, *La traite des fourrures dans l'est de la Baie James, 1600-1870*, Sillery, Les Presses de l'Université du Québec, 1984.

HAVARD, Gilles, *La Grande Paix de Montréal, 1701*, Montréal, Recherches amérindiennes au Québec, 1992.

SAVARD, Rémi, *L'Algonquin Tessouat et la fondation de Montréal. Diplomatie franco-indienne en Nouvelle-France*, Montréal, L'Hexagone, 1996.

SÉVIGNY, P.-André, *Les Abénaquis : habitat et migrations (XVIIe et XVIIIe siècles)*, Montréal, Bellarmin, « Cahiers d'histoire des Jésuites », 1976.

TRIGGER, Bruce G., *Les enfants d'Aataentsic. L'histoire du peuple huron*, Montréal, Libre Expression, 1991.

SAWAYA, Jean-Pierre, *La fédération des Sept Feux de la vallée du Saint-Laurent, XVIIe-XIXe siècles*, Sillery, Septentrion, 1998.

VAUGEOIS, Denis, *La fin des alliances franco-indiennes. Enquête sur un sauf-conduit de 1760 devenu un traité en 1990*, Montréal, Boréal, 1995.

VIAU, Roland, *Enfants du néant et mangeurs d'âmes. Guerre, culture et société en Iroquoisie ancienne*, Montréal, Boréal, 1997.

La fin d'un mode de vie (1815-1970)

BÉDARD, Hélène, *Les Montagnais et la réserve de Betsiamites, 1850-1900*, Québec, Institut québécois de recherche sur la culture, Collection Edmond-de-Nevers, n° 7, 1988.

CENTRE DE RECHERCHES HISTORIQUES ET D'ÉTUDES DES TRAITÉS, *Historique de la loi sur les Indiens*, Ottawa, ministère des Affaires indiennes et du Nord, 1980.

DAUGHERTY, Wayne et Dennis MADILL, *L'administration indienne en vertu de la législation relative aux Indiens, 1868-1951*, Ottawa, ministère des Affaires indiennes et du Nord, 1980.

DUHAIME, Gérard, *De l'igloo au H.L.M. Les Inuit sédentaires et l'État-providence*, Québec, Centre d'études nordiques, Université Laval, 1985.

La situation contemporaine

CANADA, Commission royale sur les peuples autochtones, *Rapport de la Commission royale sur les peuples autochtones* et *À l'aube d'un rapprochement : points saillants du Rapport de la Commission royale sur les peuples autochtones*, Ottawa, ministère des Approvisionnements et Services Canada, 1996.

DOMINIQUE, Richard, *Le langage de la chasse. Récit autobiographique de Michel Grégoire, Montagnais de Natashquan*, Montréal, Presses de l'Université du Québec, 1989.

DROUILLY, Pierre, *Profil socio-politique des Amérindiens du Québec*, Québec, Bibliothèque de l'Assemblée nationale, « Bibliographie et documentation » 40, 1991.

DUPUIS, Renée, *La question indienne au Canada*, Montréal, Boréal, 1991.

DUPUIS, Renée, *Tribus, peuples et nations. Les nouveaux enjeux des revendications autochtones au Canada*, Montréal, Boréal, 1997.

FRIDERES, James S., *Aboriginal Peoples in Canada : Contemporary Conflicts*, Scarborough, Prentice Hall Allyn and Bacon Canada, 1998.

JACCOUD, Mylène, *Justice blanche au Nunavik*, Montréal, Éditions du Méridien, 1995.

MAURAIS, Jacques, dir., *Les langues autochtones du Québec*, Québec, Conseil de la langue française, Les publications du Québec, 1992.

TRUDEL, Pierre, *Autochtones et Québécois : la rencontre des nationalismes. Actes du colloque tenu les 28 et 29 avril 1995*, au Cégep du Vieux-Montréal, Montréal, Recherches amérindiennes au Québec, 1995.

Guides

CANADA, ministère des Affaires indiennes et du Nord, *Guide des collectivités indiennes du Québec*. Ottawa, ministère des Travaux publics et Services gouvernementaux, 1995.

HARVEY, Sylvain, dir., *Le Québec amérindien et inuit*, Coll. « Histoire de Voir », Québec, Les Éditions Sylvain Harvey, 1997.

LAMONTAGNE, Denys, dir., *Le Québec autochtone : 11 nations, 54 communautés*, Wendake, Les Éditions La Griffe de l'Aigle, 1996.

NOËL, Michel, *Amérindiens et Inuits. Guide culturel et touristique du Québec*, Saint-Laurent, Éditions du Trécarré, 1996.

QUÉBEC, Secrétariat des activités gouvernementales en milieu amérindien et inuit, *Nations autochtones du Québec*, Québec, gouvernement du Québec, 1984.

QUÉBEC, Secrétariat aux affaires autochtones, *Les Amérindiens et les Inuits du Québec. Onze nations contemporaines*, Québec, gouvernement du Québec, 1997.

Quelques revues

Recherches amérindiennes au Québec.

Études Inuit/Studies.

Rencontre. Revue destinée aux Amérindiens et aux Inuits du Québec ; publiée quatre fois par année par le Secrétariat aux affaires autochtones.

Tumiviut, La revue culturelle des Inuits du Nunavik.

Chronologie

13 000 av. J.-C. - Selon des estimations prudentes, les premiers ancêtres des Autochtones, en provenance d'Asie, arrivent en Amérique du Nord.

6500 av. J.-C. - Premières traces de présence humaine sur l'actuel territoire du Québec.

1000 - Les Thuléens, ancêtres directs des Inuits, arrivent dans l'Arctique canadien, en provenance d'Alaska. Ils remplacent progressivement les Dorsétiens, arrivés quelques millénaire plus tôt. Les Thuléens atteignent les côtes du Labrador vers 1500.

1534 - Premier voyage d'exploration de Jacques Cartier. Il rencontre des Iroquoiens du Saint-Laurent à Gaspé.

1535 - Deuxième voyage d'exploration de Cartier, qui remonte le Saint-Laurent jusqu'à Montréal. Il établit des contacts avec les Iroquoiens de Stadaconé (Québec) et Hochelaga (Montréal).

1580 - Le commerce des fourrures devient une activité commerciale autonome, qui attire de plus en plus de marchands français.

1600 - Un premier poste de traite est construit à Tadoussac.

1603 - Samuel de Champlain remonte pour la première fois le Saint-Laurent jusqu'à Montréal. Les Iroquoiens rencontrés par Cartier ont disparu.

1608 - Champlain érige un petit poste de traite à Québec.

1627 - La Charte des Cent-Associés, compagnie qui reçoit la Nouvelle-France en toute propriété, prévoit que les Amérindiens baptisés auront la nationalité française.

1637 - Fondation de la réduction de Sillery, à proximité de Québec, où les jésuites souhaitent réunir et sédentariser les Amérindiens nomades. Le projet est abandonné après quelques années.

1650-1651 - Environ 500 Hurons, chassés de leur territoire par les Iroquois, viennent s'établir dans la région de Québec.

1665-1667 - Une série de traités de paix entre les Français et les Cinq-Nations procurent une trêve d'une vingtaine d'années dans les guerres franco-iroquoises.

1668-1680 - Quelques centaines de Mohawks s'installent dans la région de Montréal.

1670-1680 - Des Abénaquis, en provenance de la Nouvelle-Angleterre, s'installent dans la vallée du Saint-Laurent.

1670-1680 - Naissance probable de l'alliance des Sept-Nations du Canada, qui regroupe l'ensemble des Amérindiens domiciliés de la vallée du Saint-Laurent.

1701 - La Grande Paix de Montréal met un terme aux guerres iroquoises. Ce traité est « signé » par les Cinq-Nations iroquoises, les Français et l'ensemble de leurs alliés autochtones.

1760 - Conquête de la Nouvelle-France par les Britanniques.

1763 - La Proclamation royale délimite les frontières de la nouvelle *Province of Quebec*. Ce document reconnaît et protège les droits territoriaux des Amérindiens.

1776-1783 - Guerre d'Indépendance américaine. Les Amérindiens sont sollicités par les Britanniques et les Américains, qui recherchent leur appui militaire.

1812-1814 - Dernier conflit entre la Grande-Bretagne et les États-Unis en Amérique du Nord. Après cette guerre, l'importance stratégique des Amérindiens décline rapidement.

1820-1830 - Élaboration de la nouvelle politique britannique à l'égard des Autochtones. Cette politique vise clairement leur assimilation.

1850 - *L'Acte pour mieux protéger les terres et les propriétés des sauvages dans le Bas-Canada* pose pour la première fois une série de critères juridiques pour déterminer qui est Indien.

1851 - Adoption par le Parlement du Canada-Uni de l'*Acte pour mettre à part certaines étendues de terre pour l'usage de certaines tribus de sauvages dans le Bas-Canada.* Cette loi, qui réserve 230 000 acres de terres pour l'usage des Amérindiens, donne naissance aux premières réserves modernes.

1860 - Londres transfère au Canada-Uni la responsabilité des Affaires indiennes.

1867 - Fondation de la Confédération canadienne. Le gouvernement fédéral hérite de la juridiction exclusive sur les Affaires indiennes.

1876 - Naissance officielle de la *Loi sur les Indiens*, avec la première refonte de l'ensemble des lois concernant les Autochtones du Canada.

1898-1899 - Le gouvernement fédéral impose les conseils de bande à l'ensemble des communautés amérindiennes du Québec.

1939 - La Cour suprême du Canada clarifie la situation juridique des Inuits, que le gouvernement fédéral refuse de reconnaître comme des Indiens. Les juges décident que les Inuits relèvent de la juridiction fédérale, au même titre que les Indiens. Ils ne seront toutefois jamais formellement inclus dans la loi sur les Indiens.

1969 - Ottawa dépose un Livre blanc sur les Affaires indiennes. Il propose d'abolir la loi sur les Indiens ainsi que le ministère des Affaires indiennes et de traiter les Autochtones comme des « citoyens ordinaires ». Cette proposition, qui soulève un tollé de protestations, est rapidement abandonnée.

1973 - Le juge Malouf, de la Cour supérieure du Québec, accorde aux Cris de la baie James l'injonction qu'ils demandent pour faire arrêter la construction de barrages hydroélectriques sur leur territoire. Le jugement est renversé peu de temps après, mais incite tout de même les gouvernements à négocier avec les Cris.

1975 - Signature de la *Convention de la Baie-James et du Nord québécois*. Les Cris et les Inuits signataires renoncent à leurs droits ancestraux, mais reçoivent des droits spécifiques sur de grandes portions de territoires et des compensations monétaires de 225 millions de dollars.

1978 - Les Naskapis signent la *Convention du Nord-Est québécois*, qui s'inspire des dispositions de la Convention de la Baie-James.

1982 - La Constitution canadienne reconnaît l'existence des droits ancestraux des Autochtones du Canada, ainsi que les droits issus de la Proclamation royale de 1763 ou de traités.

1990 - Pendant plusieurs semaines, des Mohawks de Kanesatake armés érigent des barricades pour protester contre les projets de développement de la municipalité d'Oka sur des terres qu'ils considèrent comme les leurs. Un policier de la Sûreté du Québec trouve la mort dans une tentative pour lever les barricades.

1991 - Le gouvernement canadien met sur pied une *Commission royale sur les peuples autochtones*, qui doit examiner l'ensemble de la situation des Autochtones au pays et faire des recommandations sur les mesures à mettre en œuvre pour améliorer leurs conditions sociales, économiques et politiques.

1994 - L'Organisation des Nations unies instaure la « Décennie internationale des peuples autochtones ».

1996 - Dépôt du Rapport de la Commission royale d'enquête sur les peuples autochtones, qui recommande notamment la formation d'un troisième palier de gouvernement pour les Autochtones.

Lexique

Algonquien - Terme utilisé pour désigner les Amérindiens appartenant à la famille linguistique algonquienne (Montagnais, Atikamekws, Algonquins, etc.).

Autochtone - Terme qui désigne conjointement les Amérindiens, les Inuits et les Métis.

Bande - Au sens de la loi sur les Indiens, une bande est un groupe d'Indiens inscrits, pour le bénéfice duquel le gouvernement fédéral détient des terres et des fonds.

Bas-Canada - En 1791, les Britanniques divisent la *Province of Quebec* en deux colonies distinctes : le Bas-Canada, à l'est de l'Outaouais, et le Haut-Canada, à l'ouest de la même rivière.

Canada-Uni - En 1840, les Britanniques réunissent le Haut et le Bas-Canada en une seule province : le Canada-Uni. En 1867, le Canada-Uni est à nouveau divisé en deux parties : l'Ontario et le Québec.

Canadiens - Terme utilisé aux XVIIe et XVIIIe siècles pour désigner les colons d'origine française nés dans la vallée du Saint-Laurent. Jusqu'à la Confédération canadienne de 1867, le terme s'applique essentiellement aux habitants francophones du Canada.

Cinq-Nations - Nom donné aux cinq nations de la ligue iroquoise.

Conseil de bande - Structure administrative mise en place par le gouvernement canadien pour remplacer les chefferies traditionnelles. Les pouvoirs administratifs de ces conseils s'apparentent à ceux d'une municipalité.

Domiciliés - Expression utilisée par les Français, aux XVIIe et XVIIIe siècles, pour désigner les Amérindiens qui ont établi des villages permanents dans la vallée du Saint-Laurent.

Iroquoien - Terme utilisé pour désigner les Amérindiens appartenant à la famille linguistique iroquoienne (Hurons, Neutres, Iroquois, etc.).

Maison longue - Habitation de forme allongée, en écorce, construite par les Amérindiens de la famille iroquoienne.

Réserve - Terres de la Couronne que le gouvernement fédéral réserve à l'usage exclusif des Indiens. Ceux-ci ont l'usufruit de ces terres, mais non la propriété.

Sept-Nations - Nom donné à l'alliance réunissant les villages des Amérindiens domiciliés de la vallée du Saint-Laurent (Hurons, Abénaquis, Mohawks, Algonquins). Les termes « Sept-Villages » ou « Sept-Feux » étaient aussi couramment employés. Fondée vers 1670-1680, cette alliance survit jusque dans les dernières décennies du XIXe siècle.

Table des matières